괴테를 따라
이탈리아 · 로마
인문 기행

괴테를 따라
이탈리아 · 로마
인문 기행

조문환 지음

| Prologue |

로마 그리고 괴테가 내 앞에 존재했음에 깊은 경의를 표한다!

언젠가 한 번은 이탈리아를 모두 돌아보리라 마음을 먹은 적은, 14년 전에 로마의 역사를 읽게 된 때였다. 그때부터 내 마음은 이탈리아로 달려가고 있었다. 일진일퇴를 거듭했던 역사의 현장에 서 보고 싶은 마음이 불처럼 일어났었다. 세월의 풍파에 닳아진 로마의 가도를 걸어 보고, 포룸과 원형극장에서 격론을 벌이던 로마의 원로원과 민회를 참관해 보고, 장화의 발꿈치와 같은 빌라 산 조반니에서 건너편 메시나를 향하여 고함도 질러보고 싶었다. 끊임없이 인재를 키워 낸 저력이나 근원에는 무엇이 있는지도 궁금했다.

이탈리아 기행을 준비하면서 괴테의 《이탈리아 기행》을 다시 찾았다. 그의 이탈리아 여행은 당시 명문가들의 로망이었던 '그랜드투어'의 일종이었다. 이때가 만 37세였다. 그랜드 투어를 마친 괴테는 새로운 사람이 되어 있었다.
이미 1774년에 《젊은 베르테르의 슬픔》으로 그 이름이 온 세상에 알려진 뒤였으니 유학이나 그랜드투어 치고는 만년(晚年)의 나이였다. 괴테의 이탈리아 여행은 일종의 잠행이었다. 여행기의 첫 페이지에는 '1786년 9월 3일, 새벽 세 시에 카를스바트를 남몰래 빠져나왔다'로 기록되어 있다. 1788년 4월 4일에 기록이 끝나니 1년 7개월에 가까운 긴 시간이었다.

오래전부터 '이대로 살 것인가'라는 질문은 끝이 없이 했었다. 단 한 번의 인생에서 제대로 된 도전 한 번 시도하지 않은 것이 인생인가라는 질문에 '아니다'라는 결론을 내게 되었다. 물론 몇 개월의 여행으로 그 물음에 답을 얻을 수 없었다. 이것이 남은 인생 여정에 또 다른 물고를 트고 나의 삶을 흐르게 한다는 것, 나의 삶이 더 큰 세상을 만나게 될 것이라는 것에 이번 여행에 의미를 두고 싶었다.

1786년 9월 3일 바이마르 공화국을 몰래 빠져나온 괴테는 베네치아와 로마, 나폴리와 시칠리아를 돌아 9개월 만인 1787년 6월 8일 다시 로마로 돌아온 후 1년 가까이 그곳에서 유학했다. 인생 선택의 갈림길에서 고위 관리와 유명한 작가의 삶에 안주하는 것을 거부했던 괴테, 결국 잠행이라는 방식을 통하여 이탈리아를 만나고 그 속에서 결국 새로운 자신을 만났다. 베네치아에서 예술적 가치와 그것을 바라보는 시선을, 로마에서 역사의 원음을 듣고 원본을 보는 것에서, 나폴리의 깨어 있는 원시의 자연 속에서, 흐트러져 있지만 이탈리아의 영혼을 시칠리아에서 만났다.

괴테는 지금의 체코인 카를로비바리를 출발 레겐스부르크, 뮌헨 그리고 오스트리아 인스부르크를 경유 이탈리아의 볼차노, 베네치아, 로마, 이탈리아 남부의 나폴리에서 시칠리아로 배를 타고 건너 다시 나폴리와 로마로 돌아와 오랫동안(일종의 유학) 머문 후 이곳에서 여행의 기록은 끝이 난다.

나도 될 수 있는 대로 괴테와 같은 여정을 따르고자 노력했다. 하지만 반드시 그래야만 한다는 생각은 하지 않았다. 베이스캠프는 오스트리아 비엔나에 차렸다. 내가 좋아하는 작곡가 슈베르트를 만나고 싶었기 때문이었다. 이곳에서 폴란드 프라하도 방문해 보고 이탈리아로 오는 길에는 찰츠부르크와 인스부르크에도 들러 이탈리아 등정?을 위한 준비를 마쳤다.

괴테처럼 볼차노에서 본격적인 이탈리아 여정을 시작한 나는 이탈리아 동부 해안의 비에스테, 리미니와 산마리노, 그리고 최남부의 타란토, 중부지방의 오르비에또와 볼세나 같은 도시는 괴테 루트에서 살짝 비켜 나와 혼자만의 여정을 즐겼다. 물론 시칠리아에서도 괴테가 가지 않았던 역사의 현장에 서 보았다. 트라파니와 마르살라, 시라쿠사와 같은 도시들이다. 돌아오는 길에는 제노바와 서북부의 몇몇 도시들을 들러보고 여정을 마쳤다.

괴테의 여정을 통해서 한 사람의 인간성, 내면의 갈등과 고독을 엿볼 수 있었다. 피상적으로만 알았던 괴테도 어떤 면에서는 나와 크게 다를 바 없는 평범했던 한 인간이었다는 것에서 언제든지 내 편에 서 줄 수 있을 것 같았다. 하지만 내가 이번 여행으로 그를 알게 된 것이라면 그도 고독했고, 자각하려고 몸부림 쳤으며, 자각의 몸부림이 일어난 곳이 이탈리아였다는 것과, 결국 이런 인생 여정을 통하여 오늘날 우리가 알고 있는 괴테가 되었다는 것 정도다.

몇 달간의 이탈리아 기행으로 '로마'와 '이탈리아'를 안다고 말하는 것은 불가능한 일이었다. 인류의 문명을 창조하고 제국을 이루었으며, 르네상스로 인류 부활의 신호탄을 쏴 올린 나라가 아니던가. 하지만 인류문화의 한 축을 담당했던 그 진원지이자 화석처럼 또렷이 남아 있는 그 땅을 밟아보고 역사의 원음을 들어보는 것은 나에게는 괴테 못지않은 의미이기도 했다

괴테는 베네치아와 로마를 거치면서 전혀 다른 사람이 되어갔다. 고대 건축가 비트루비우스와 그의 정신적 후계자라 할 수 있을 안드레

아 팔라디오(1508~1580)와 같은 인물들을 만나서였다. 그것은 곧 고대 로마, 나아가 고대 그리스와 만남이었다. 나는 그런 괴테의 시선 위에 나를 포개어 놓을 수 있었다. 하지만 그가 한 걸음 나아가면 나는 열 걸음, 백 걸음 더 뛰어야 했다. 그의 갈등 속에 나 또한 깊이 침잠했던 시간이었다. 그의 고뇌와 함께하여 괴로웠던 시간이자, 함께 있었던 것이 기쁨이었던 시간이었다. 그가 나의 앞에 존재했다는 것에 감사를 느꼈다.

.

한 걸음 물러나 있어 보면 나를 더 잘 볼 수 있다. 강을 건너봐야 내가 살던 쪽의 강을 제대로 볼 수 있듯이 나를 벗어나 봐야 나를 알 수 있는 것이다. 이번 이탈리아 기행은 나와 떨어져 더 솔직한 나를 만나고자 함이었다. 그만큼 깊이 나에게, 미래에, 이탈리아와 괴테에 빠질 수 있었다.

나와 비슷한 생각을 하는 또 다른 사람이 있다면 나는 과감히 그대 자신에게 파문을 던지라고 부추기고 싶다. 나의 시집에 있는 문구처럼 '무의미한 일'을 하는 사람이 많을수록, 이 세상은 살만한 세상이 될 것이기 때문이다. 나는 또 다른 '무의미한 일'을 찾아 떠날 것이다. 그것이 괴테와의 동행에서 얻은 해답이기 때문이다.

| 차례 |

괴테는 "내가 보는 사물을 통해서 나 자신을 알려고, 경이로운 여행을 하고 있다"며 여행의 의미를 말했다. 괴테의 말대로 세계사의 수많은 사건들이 발생했던 역사의 현장에 선다는 것은 대단한 감흥을 주었다.

문화의 용광로 볼차노,
내 영혼에 오래 머문 생각 하나

비엔나에서 잘츠부르크와 인스브루크를 거쳐 계속해서 서쪽으로 갔다. 갈수록 산은 많아지고 높아졌는데 인스브루크에서 볼차노까지 두 시간가량 걸렸다. 국경을 통과하는 시점부터 열차의 안내 방송도 이탈리아어와 독일어로 병행되었다. '본쥬르노', '그라찌에'가 연속해서 나왔다.

볼차노는 독일어로 보챈(Bozen)이라고 하는데, 이탈리아 최북단 중심부에 자리하고 있다. 아디제강과 이자르코강의 합류 지점으로 알프스 산맥을 머리에 이고 두 강이 모여서 삼각주의 기름진 평야를 이뤘으며, 평야와 산자락은 포도원으로 뒤덮여 있다. 어느 나라나 그렇듯이 국경 지대에 있는 마을이나 도시들은 물산이 모이는 곳이다. 이곳도 북쪽의 오스트리아, 스위스 그리고 독일과 프랑스와 같은 나라들이 이탈리아를 찾을 때 통과해야 하는 교통의 요충지다.

괴테가 이탈리아의 첫 관문인 볼차노에 입성한 것은 1786년 9월 11일, 오늘날의 체코 땅인 카를스바트(현재의 지명은 카를로비바리)를 잠행하듯 떠난 후 8일 만이었다. 그는 독일의 레겐스부르크, 뮌헨, 볼프라첸하우스와 오스트리아의 인스브루크를 거쳐 이곳에 도착했다. 그의 나이 37세, 《젊은 베르테르의 슬픔》을 출간한 지 12년, 바이마르공화국에서 국무에 종사한 지 10년 만이다.

그의 행장은 옷 몇 벌, 한참 쓰던 《이피게니아》 원고 뭉치, 풍경을 스케치할 그림 도구와 같은 필수품뿐이었다. 무엇이 한 나라의 장관과 베스트셀러 작가의 자리에서 뛰쳐나오게 했을까?

이탈리아의 국경도시 볼차노에 와서 괴테는 영혼에 오래 머문 생각 하나를 실천하게 된다. 그가 내려놓은 것은 40년 가까이 살아왔던 삶이었다.
잠행 8일 만에 볼차노에 도착한 그는, 며칠 만에 완전히 달라져 있었다. 환전하고, 지급하고, 기록하는 일을 직접 처리했다.

볼차노에 도착한 괴테는 자연스럽게 사람들이 운집한 곳으로 발걸음을 옮겼다. 때마침 열린 골목 시장에는 사람들로 북적거렸고, 직접 농사지은 복숭아와 배 같은 과일을 파는 아낙네들도 있었다. 볼차노 연시(年市)가 열리는 날에는 인근 나라와 도시에서 가지각색의 물건들이 들어와 거래되었다.

나는 시내를 내려다볼 수 있는 산언저리의 산책로에서 1930년

대의 볼차노 사진을 보았다. 당시에는 생각보다 동네가 작았다. 성당과 인근 주택들 그리고 트렌토 쪽으로 내려가는 도로만 명확하게 보일 뿐이었다. 약 80년 만에 많은 발전을 했다. 볼차노 사람들의 삶의 중심지는 조반니 광장과 볼차노 대성당 부근이었다. 이곳은 아침과 저녁 할 것 없이 주민들과 여행자들로 북적거린다.

볼차노는 지리적 특성 때문에 오랜 역사를 통해 사람이 모이는 문화의 용광로 같은 역할을 했다. 이탈리아 기행을 준비하면서 늘 볼차노를 상상하고 머리에 그렸다. 좁은 계곡과 도시를 관통하는 강, 포도밭, 성당들까지 사실상 여행의 시작은 이곳부터이기 때문이다.

숙소에 도착하여 주인인 시에그리드에게 가장 먼저 어떤 언어를 주로 쓰는지 물었다. 그녀의 대답은 독일어와 이탈리아어를 비슷하게 쓴다고 했다. 어떤 학교는 독일어로 수업을 하고, 어떤 학교는 이탈리아어로 수업을 한단다. 국경이 있기는 하지만 전혀 제한 없이 이동할 수 있는 도시기에 당연한 일이다. 도시의 간판이나 홍보물도 두 언어가 병기되어 있다.

괴테가 요한 케스트너를 만나지 않았던들, 샤를로테 부프라는 케스트너의 약혼녀를 만나지 않았던들 그의 초년 히트작은 빛을 보지 못했을 것이다. 후에 바이마르에서 카를 아우구스트 대공을 만나지 않았더라면 이탈리아 여행 자체도 시도되지 않았을 것이다.

'날개가 있지만 써먹을 수 없었다'고 했던 그, 바이마르 공화국의 국정에 전념한 과거 10년이 그를 옭아맬 동아줄이 되었음을 직감할 수 있었다. 어쩌면 괴테는 그에게 다가온 부귀와 영화가 자신의 날개를 꺾어버릴 수 있다고 생각했을 수도 있다.

나 또한 오랜 세월 생존의 터전으로 삼아 왔던 것을 내려놓고 떠나왔다. 모두 의아해했다. 하나의 생각이 넘쳐 나게 되면 행동이 이어지게 마련이다. 내 속에 오래 머문 생각 하나도 이탈리아를 만나고자 함이었으나 시대를 넘어 괴테와 마주할 줄은 상상하지 못했다.

괴테가 그랬듯이 영혼에 오래 머문 생각 하나를 실천하기 위한 것이었다. 괴테도 나도 시작이 볼차노였다.

볼차노역 | 조반니 광장 | 볼차노 시장거리

언덕에서 본 볼차노

트리엔트 공의회가 열렸던 트렌토(Trento), 그 공의회에 나를 세우다

알프스 산지의 남쪽 골짜기 끝자락에 자리 잡은 볼차노, 그 곳에 모여든 물은 아디제강이라는 풍만한 지류를 만나 남쪽으로 흐른다. 트렌토(Trento)로 가는 길목 아디제강 주변은 볼차노보다 완만하고 좀 더 다양한 식물들이 자라나고 있었다.

아디제강 주변은 괴테가 여행할 당시에도 포도와 옥수수, 사과나 배 그리고 유럽의 모과와 견과류 등이 빽빽하게 재배되고 있었다. 북쪽에서 내려온 괴테는 건강한 자연에 자신을 맡겼다. 괴테는 이쯤에서 향수에 젖어 들었다. 청춘 시절에 써 놓았던 《잠에게》라는 시를 읊고, 쉴 틈이 없는 여정으로 인해 곤한 잠에 떨어졌다.

잠에게
그대의 아편으로써 / 신들의 눈도 감기게 하는 그대 / 거지들을 자주 왕좌로 / 목동을 소녀에게로 데려다주는 그대 / 내 말을 들으리 / 그 어떤 꿈의 유령도 / 오늘 너로부터 요구하지 않겠다 / 네가 하는 봉사 중에서도 가장 큰 봉사를 / 사랑하는 잠이여, 나에게 해 다오.

나 또한 늦은 밤 '내가 지금 뭐 하고 있지?'라는 뜬금없는 생각이 들었다. 오랜 여행 중에는 마음속에 숨어 있던 것들이 나타나기 마련이다. 바로 외로움과 고독이다. 사실 이것을 즐기려고 떠난 것이다.

아디제강이 있는 곳은 강이 있을 수밖에 없는 지형이다. 태양은 골짜기 사이로 파고 들어와 있고, 가끔 산맥 줄기 허리 즈음에 암석 띠가 있어 마치 허리띠를 찬 것 같이 단단해 보였다.

트렌토는 규모로만 본다면 볼차노와 큰 차이가 없었다. 단지 역사적 사건이라든지 유물과 같은 것들이 볼차노 보다 더 많은 곳이다. 역에 내리자마자 15분여 거리에 있는 고성(古城)(Buonconciglio Castle Museum)으로 향했다. 고성박물관에는 이집트 유물이 전시되고 있었다. 대형 박물관이 아닌 작은 도시에 이집트 유물이 전시되어 있다는 것이 신기하였다. 관리인에게 진품이냐고 물었더니 물론 그렇다고 했다. 이집트 유물도 둘러보고, 시가지를 내려다볼 수 있는 타워까지 올라갔다.

이탈리아의 소도시들은 도시마다 뚜렷한 개성을 가지고 있고, 정갈하고 소박하다는 공통점이 있다. 트렌토는 인도가 대리석으로 되어 있는데 반질반질 빛이 났다. 차가 다니는 차도는 돌을 잘라 깊이 박은 형태로 이탈리아 대부분 도로에서 볼 수 있는 것이나 정교해 보였고, 단 한 군데도 파손된 곳이 없었다.

박물관으로 가는 길 중간에는 건물 외벽에 정원을 만들어 놓은 모습을 보고 잠시 멈춰서기도 했다. 건물 외벽에 풀과 꽃, 나무를 심어 놓은 특이한 모습이었다.

이탈리아 사람들은 외관을 가꾸는데 정성을 기울이는 것 같아 보였다. 우리는 주로 화단을 마당 안에 만드는 반면, 이들은 창가에 설치한다. 단독주택이나 아파트나 비슷한 모습을 볼 수 있었다. 어떻든 오래되어 어둡고 칙칙한 건물과 거리가 화분들로 인하여 밝고 따뜻해졌다.

오래된 도시는 저마다 굳은살이 박이게 마련이다. 나는 화석처럼 굳어져 버린, 그러나 살아 있는 것처럼 명료한 역사의 흔적을 찾아 도시를 배회했다. 트렌토는 그 유명한 트리엔트공의회가 열렸던 장소다. 트리엔트공의회는 1545년부터 1563년까지 장장 18년간이나 열렸다. 3기로 나눠서 열렸던 공의회는 천주교 역사, 나아가 기독교 역사에 있어서 중요한 전환점이자 기록으로 남은 사건이다.

루터(1483~1546)의 95개 조 반박문 발표(1517년)를 비롯하여 당시에 분출되었던 프로테스탄트들의 공격을 향해 천주교회가 이론적으로, 신앙적으로 정당성을 갖추고 교회의 자기 개혁을 정립하기 위한 목적이었다.

공의회가 열렸던 장소는 산타 마리아 마기오레(Santa Maria Maggiore) 교회였다. 지척에 더 큰 두오모 성당이 있음에도 훨씬 작은 규모의 성당에서 공의회가 열렸다. 성당은 1520년에서 1524년에 걸쳐 건축되었다고 하니 성당이 준공된 후 불과 21년 만에 공의회가 열린 셈이다.

시청과 단테광장을 지나 산타 마리아 마기오레 교회 앞 광장에 서니 마침 12시, 매시간 울리는 성당의 종소리가 하늘과 거리를 거룩하게 썻겨 놓았다. 광장에 있는 나 같은 이방인뿐 아니라 그 소리에 젖어 사는 시민들에게는 종소리가 하나의 비적(祕籍)이 되리라. 거룩한 소리를 들었으니 오늘의 나의 문제와 죄악은 말끔히 씻어질 것이라는 기도와 죄 사함의 의식이기도 하다.
이탈리아에 온 지 열흘쯤 되니 이런 종소리도 일상이 되고 습관이 되었다. 습관이 되면 좋을 것들이 있겠지만 타성에 젖게도 하니 성스러운 종소리를 듣는 것만은, 습관이 아닌 매시간 드려지는 거룩한 기도이면서 나를 일깨우는 회초리면 좋겠다.

공의회 결과는 앞으로 가톨릭이 나아가야 할 방향과 지침을 정한 것으로 당시에는 상당히 개혁적이었다. 하지만 그것은 외부로부터의 변화와 저항에 따른 타율적인 개혁이었을 뿐, 개혁의 내용 또한 기존의 가톨릭 본질에서 크게 나아가지 못했다는 것이 일반적이다. 면죄부가 대폭 폐지되고 사제의 독신이 더욱 강화됐으며 오직 믿음으로만 구원을 얻는 것이 아닌 세례, 고해, 성찬, 종부, 서품, 결혼, 견진과 같은 비적 그 자체가 내적인 신앙과 관계없이 은총이 내려진다는 것 등을 확정했다.

—
비적(祕籍) : 신의 은총을 받기 위한 가톨릭교회의 의식을 말하며 주로 세례, 고해, 성찬, 서품 등을 일컫는 것으로서 신의 은총이 수여되는 수단이다.

교회는 상시 개혁의 칼날 위를 걸어야 한다. 하나님의 말씀을 받는 지체이기 때문이다. 신앙은 그 위에 다른 것을 놓을 수 없기 때문이다. 어떤 이론이나 철학이나 학문이나 법률이나 하는 것들은 개정하고 학설을 철회하거나 연구하여 새롭게 세우면 되는 것이지만 신앙은 신, 즉 하나님과의 관계에 기초하기 때문이다.

산타마리아 마기오레 성당

산타 마리아 마기오레 교회는 문이 열려 있었다. 몇 몇 방문자들이 잠시 앉았다가 돌아가는 모습만 보였다. 성당 입구 문 위에는 'AVE MARIA'가 적혀 있었고 붉은 대리석 기둥이 좌우에 받치고 있었다. 예수님은 여전히 십자가에 '달려' 계셨고 성당 안 좌측에는 당시 공의회의 모습을 그린 그림의 복사본이 세워져 있었다. 엄격한 주교단 회의의 분위기가 지금도 전해 오는 것 같았다.

괴테는 주교 회의에서 대주교가 무슨 말을 하는지 알고 싶어 했었다. 하지만 그가 들은 것은 대주교의 설교가 아닌 교황에 의해 해체되었던 예수회 소속의 한 늙은 사제가 어두운 교회에서 읊조리는 푸념뿐이었다. "그래 놈들이 예수회를 쫓아냈단 말이지. 교회가 지급한 비용을 예수회에 주었어야 마땅한데" 하나님 앞에는 푸념도 기도가 될 수 있긴 하지만. 이 예수회는 괴테가 방문하기 13년 전인 1773년에 교황 클레멘스 14세에 의해 해체되었다가 1814년에 재건된 교단이다.

역사의 현장에 서 보는 것은 본질로 돌아가 내가 원점에서 다시 생각해 보는 일이다. 온갖 나를 가두어 놓았던 것에서 벗어나게 하고, 눈을 가리어 놓았던 것을 풀어 헤치게 하며, 막아 놓았던 귀를 열어 역사의 원음을 직접 듣게 하는 일이다.

괴테는 그에게 있어 역사의 원음의 발원지이자 그의 상상력과 예술적 가치의 시원이라 할 수 있는 로마를 향한 걸음을 계속했다.

454년 전 바로 그 자리에 내가 서 있다. 트리엔트 공의회는 교회를 위한 것뿐이 아닌 오늘의 나를 위한 공의회였기도 하다. 바로 서라는 엄중한 경고의 자리였다. 'AVE MARIA'가 쓰여 있는 정문을 들어가는 그 시간에 하나님은 내게 말씀하셨다. "거기에 서서 하늘의 소리를 들으라"

가르다호수 말체시네에서의
스파이사건

가르다(Garda) 호수 상단 부에 자리하고 있는 말체시네
(Malcesine)로 가기 위해서, 베로나로 내려갔다가 다시 버스를
타고 올라오는 루트를 선택했다. 트렌토에서 1시간 30분가량 달
려서 도착한 베로나는 산이 낮고 대지는 광활했다. 베로나역에
서 주변을 살펴보면 산이라기보다는 그냥 언덕일 뿐이다. 그래
서인지 베로나에서는 좀 더 여유가 있을 것이라는 느낌이 들었
다.

아디제강을 따라서 내려왔다. 기차를 타고 오면서 보니 강과 기
차는 앞서거니 뒤서거니, 왼쪽에 있다가 오른쪽에 있기도 하면
서 사이좋게 보조를 맞췄다. 포강 또한 비슷한 루트를 통하여 아
드리아해로 접어들긴 하지만 아디제강 아래에서 역시 서에서
동으로 흘러 바다에 접하게 되니 둘은 형제처럼 의좋게 흐른다.
베로나에서 가르다 호수와 말체시네로 가는 버스에는 유럽 각
지에서 온 은퇴자들로 가득했다. 가르다 호수는 유럽인들에게
휴양지로서 이름이 나 있는 곳이다.

숙소인 안드레아 집은 말체시네 중심가에서 약 3km 아래에 있
다. 버스에서 내려 집으로 올라가는 길에는 오래된 정자나무 크
기의 올리브 나무가 정원과 산언저리에 가득했다. 마침 서쪽 하

늘로 기우는 태양에 빛이 반사된 연한 회색의 올리브 나무 이파리가 눈을 부시게 했다. 열매가 탐스럽게 열렸는데 11월부터 1월까지가 수확 기간이었다.

짐을 풀자마자 밀린 숙제를 하듯이 말체시네 중심가로 달려갔다. 교통이 불편하기도 하지만 낯선 곳의 교통이나 지리를 익히기에는 걷는 것이 가장 좋은 방법이라는 것을 터득했다. 지금껏 지나왔던 도시들은 대부분 걸어서 1시간 이내에 도시의 중심부까지 갈 수 있었을 뿐 아니라 반나절 또는 넉넉히 하루만 발품을 팔면 어지간한 위치나 지리, 교통 시스템을 익힐 수 있었다.

말체시네 중심가는 상가와 카페, 레스토랑, 기념품 가게가 주류를 이루었다. 대부분의 도시가 그렇듯이 오래된 건물에서 풍겨 나오는 고풍스러운 멋이 진하게 배여 있었다. 멀리서는 보였던 말체시네 성채가 정작 가까이 다가가니 건물들에 가려 보이지 않았다. 골목 이곳저곳을 거닐다가 도착한 성채는 당당한 위용을 내뿜으며 하늘을 향해 솟아 있었다.

성이 언제 누구에 의해 지어졌는지는 명확하지 않다. 정확한 기록이 없기 때문이다. 단지 안내소에서 받은 자료에 의하면 서기

590년에 말체시네 성채가 프랑스에 의해 파괴되었다고 하니 적어도 1,500년은 넘었을 것으로 보인다. 그 후 서기 1131년에 2차로 중수되었고, 1250년에 3차로 중수되어 현재에 이르고 있다.

괴테는 나처럼 트렌토에서 베로나로 내려가지 않고, 언어의 국경선이 그어져 있다는 로베레토(Rovereto) 서쪽으로 난 작은 계곡을 가로질러 이곳으로 오는 루트를 따랐다.

괴테는 가르다 호수 최북단 토르볼레에서 배를 잡아탔다. 호수는 남북으로 길고 동서는 짧아 띠 같이 생겼다. 예로부터 바람이 강하기로 유명한 호수에서 괴테는 악명 높은 바람과 조우를 했다. 바람으로 인하여 말체시네로 피항 할 수 밖에 없었다.

어디를 가나 스케치하는 괴테는 피항 이튿날 성채에 앉아 스케치를 하는데 그 모습을 구경하기 위해 사람들이 모여들더니 군중들이 아예 괴테를 둘러쌀 지경이 되었다. 그때 성을 감시하는 사내가 나타나 괴테의 그림을 찢어 버리는 사태가 발생했고, 행정관과 법원 서기까지 출동했다. 괴테는 그 와중에서도 흥분하지는 않았다.

"나는 독일의 프랑크푸르트 태생인데 이 성채는 역사적으로 중

말체시네 성의 괴테기록관

요할 뿐 아니라 회화적인 아름다움을 지니고 있어 폐허를 그리는 중이라오. 많은 여행자가 오로지 폐허를 보기 위해 이탈리아로 오는 것쯤은 당신들도 알지 않소?"

프랑크푸르트에서 왔다는 말에 마침 그곳에서 살았던 그레고리오라는 자를 불러와 괴테가 정말 프랑크푸르트 사람인지 대질 심문하기에까지 이르렀다. 그레고리오와 괴테는 동향인 것처럼 말이 척척 통했다. 드디어 행정관과 법원 서기는 그레고리오와 동행하는 조건으로 마음대로 구경해도 좋다는 허락을 했다.

괴테는 천만다행으로 만난 귀인 그레고리오를 생각하며 이렇게 적었다. "지상의 한 귀퉁이 무한한 고독 속에서 세상과 거리를 둔, 극히 선량한 두 사람하고만 같이 있으면서 나는 오늘 있었던 모험을 되돌아보고 인간이 얼마나 이상한 존재인지를 매우 생생히 느꼈다. 좋은 사람들과 함께하면 이토록 안전하고도 편안하게 즐길 수 있는 일을, 세상과 그 내용을 자기만의 방식으로 횡령하려는 누군가의 변덕으로 인해 똑같은 일이 아주 불쾌하고도 위험한 것으로 바뀔 수가 있으니 말이다"

자칫하면 그의 그랜드투어가 큰 차질을 빚을 뻔했던 사건이었다. 괴테는 수렁에 빠진 난국 속에서도 상황을 관조하듯, 즐겼다.

가르다 호수는 예전에 베나쿠스(Benacus)라는 이름이었다. 이지역 출신 로마 최고의 시인으로 추앙받았던 베르길리우스는 그의 《농경시》에서 "물소리와 바람 소리를 그대로 들려주네, 그대 베나쿠스여!"라고 노래했다. 사람도, 시대도 바뀌었지만 변하지 않는 것은 바람인가 보다. 베르길리우스의 《농경시》는 날씨나, 가축, 양봉 등 농업과 관련된 시집이다. 그는 기원전 20년 그의 대작 아이네이스를 위해 배경이 되는 풍물을 직접 보려고 그리스로 가는 길목인 칼라브리아에서 죽었다. 코앞이 바로 시칠리아였다.

숙소에서 말체시네로 가는 도중 길모퉁이에 '레지던스 괴테'라는 간판이 보였다. 혹시 괴테가 묵었던 곳이었나 하는 호기심을 가졌었지만 알아보니 괴테의 이름만 빌린 여인숙이었다. 성채 1층에는 괴테의 발자취가 온전히 보전되어 있었다. 그의 이탈리아 여행의 배경과 그가 그렸던 성채의 스케치 작품, 이탈리아 여행이 그에게 어떤 의미를 주었는지, 벽면과 조형물에 상세히 기록되어 있었다. 반가웠다. 내가 알고 있는 지식을 현장에서 다시 확인 할 수 있다는 것 자체가 희열로 다가왔다. 순례를 하는 괴테, 괴테의 발자취를 따라가는 나, 괴테는 이탈리아를 만나서, 나는 괴테를 만나서 기뻤다.

괴테는《이탈리아 여행》에서 이곳 작은 도시인 말체시네를 상당히 많은 분량을 할애하여 소개해 놓았다. 그만큼 그에게 의미가 있었던 장소였기 때문일 수 있지만 스파이로 오해받았던 것 때문일 수도 있다. 성채는 상당히 잘 보전되어 있었다. 계단을 통해서 망루에 올라가니 과연 요새가 될 법하였다. 호수 건너편에서 침입해 오는 적군들을 막을 최적의 장소였다. 뒤로는 2천 미터가 넘는 몬테발도가 있는 험악한 산이 버티고 있으니, 적군이 침입할 통로는 오직 가르다 호수뿐이었다.

당시에 이탈리아 뿐 아니라 대부분의 유럽 나라들이 영주 중심의 국가 형태인 것을 고려하면 작은 도시간에 침략이 흔했을 것이다. 세로로 길게 펼쳐진 호수 변에는 동네들이 즐비했는데 말체시네 건너 리모네까지는 배로 20분이면 도착 할 수 있었다. 말체시네나 리모네처럼 2, 3천 명이 집단을 이루어 조성된 동네들이 호수 변에만 적어도 수십 개가 있었다.

리모네에서 배를 타고 돌아오면서 말체시네 성채를 집중적으로 관찰했다. 성채가 없는 말체시네는 무엇으로 존재감을 드러낼 수 있을까? 동네 중심에서 당당히 깃발을 나부끼는 그의 위용에 역사의 순간마다 말체시네와 가르다, 넓게는 이탈리아의 운명과 함께했을 험난했던 시간을 상상해 보았다.

나는 성채에서 수십 장의 사진을 찍어 댔지만 험상궂은 경비원이나 행정관 혹은 경찰관 등 누구도 나타나지 않았을 뿐 아니라 누구로부터 어떤 제재도 받지 않았다.
스케치만 했던 괴테를 감금하려 했던 당시의 성채와 지금의 모습은 크게 다를 바 없었다. 괴테가 남긴 스케치에 그때의 모습이 선명하게 남아 있어 현재의 모습과 쉽게 비교 할 수 있었다. 단지 그는 갔고, 나는 아직 여기에 있을 뿐이다.

그가 만났던 호수의 풍랑도 잔잔하기만 했다. 세월이 더 많이 지난다고 하더라도 성채가 크게 변하지는 않을 것이다. 그가 갔듯이 나도 가고 오늘 왔던 많은 사람도 가고 없을 것이다.

저녁 8시에 맞춰 망루의 쇠 종소리가 말체시네 앞 호수를 흔들어 작은 파문을 일으켰다. 약한 조명이 성채를 비추자 성채는 잔잔한 호수에 내려앉았다. 바람이 찼다. 옷깃을 여미어야 했다.

말체시네 항과 성 | 말체시네 항구의 야경

말체시네 성에서 본 시가지

'하나'와 '모두'를 가졌던 도시, 베로나

가르다 호수의 최상부에 있는 토르볼레는 "느리고 게으른 사람들이 사는 때 묻지 않은 동네. 대문은 열쇠가 없고 집에 다이아몬드가 가득하다고 하더라도 전혀 걱정할 것 없이 순박한 사람들만 사는 곳이다. 가난하기도 하여 창문은 유리 대신 기름종이로 발라져 있고 원시적 삶을 살아가는 순박한 동네"라고 괴테는 말했다.

토르볼레가 게으른 사람들의 순박한 동네인지 알기는 쉽지 않으나 이날 호숫가 한 작은 성당에서는 조촐한 결혼식이 거행되고 있었다. 전날 말체시네 성채 위에서 열렸던 결혼식에 비하면 극히 서민적이고 신앙심 가득 담긴 것처럼 보였다. 마침 토르볼레에서 로베레토로 가는 버스가 금방 있어서 잡아채듯 오르니 1시간가량 걸려 로베레토 역에 도착했다.

로베레토는 드디어 독일어가 전혀 통하지 않는 동네로 언어의 국경선이 그어져 있노라고 괴테가 말했던 곳이다. 굳이 그의 말을 확인해 볼 필요는 없었지만, 로베레토 뿐 아니라 말체시네나 토르볼레와 같은 가르다 호수 인근 지역 마을의 상가나 식당, 숙소의 주인들은 기본적인 의사소통이 가능할 정도의 영어와 독일어 정도는 구사할 줄 알았다. 이탈리아 대부분의 도시 상황도

이와 크게 다르지 않다. 워낙 다양한 나라에서 방문하는 여행자가 많고, 역사의 중심에 자리했던 나라여서 그렇다.

한 장소에서 언어가 혼용되고 있다는 것은 의미가 있다. 그만큼 생각이나 문명이 섞이고, 삶의 방식도 다양할 수 있다는 뜻이다. 유럽의 나라들은 그런 면에서 볼 때 다중적 문화 구조 속에서 살아간다는 장점이 있다.

로베레토는 의외로 모던하고 심플했다. 길거리는 단정했고 떼지어 다니는 관광객들을 잘 볼 수 없는 전형적인 이탈리아 북부의 작은 도시다. 놀라운 것은 이곳에 멋진 현대식 미술관이 있다는 것이다. MART(Museo D'Art Moderna Contempornaea di Trento Rovereto)라는 곳으로 특이한 것은 광장을 덮은 지붕이었다. 유리로 된 지붕은 하늘을 통째로 가져 내려왔고 남쪽은 개방되어 있어, 내부와 공기 순환을 돕도록 되어 있었다.

드디어 베로나. 동쪽으로는 비첸차, 파도바 그리고 베네치아, 서쪽으로는 밀라노, 북쪽으로는 독일의 뮌헨과 오스트리아의 인스브루크와 잘츠부르크, 바로 아래로는 볼로냐와 피렌체로 연결되는 크로스 로드 선상에서 북부 이탈리아의 중심부에 자리하고 있다. 역사와 문화, 경제 등 없는 것이 없는 도시다. "다 있고 한 가지가 없다면, 다 없고 한 가지만 있다면" 어떤 것을 선택하겠는가? 하지만 베로나는 '모두 다' 있는 동네다. 다 있기도 하고 나머지 한 가지까지 가진 도시라고 할까?

역에서부터 걸어 시의 관문이라고 할 포르타 누오바(Porta Nouva)를 통과해 곧장 중심가로 향했다. 베로나는 모든 것을 다 가졌지만, 아레나라는 명품이 있어 다른 것들은 주목받지 못하는 도시기도 하다. 사람들이 운집해 있는 곳으로 발걸음을 옮겼다. 여러 가지 악기 소리가 들리기 시작하더니 사람들의 노랫소리와 함성이 함께 들려왔다.

아레나의 브라광장은 일요일 오후 시간을 맞아 발 디딜 틈 없이 여행자들로 가득 채워져 있었다. 이들은 민속 복장을 한 무용수들과 함께 광장에서 춤을 즐기고 있었는데, 사람들이 손에 손을 잡고 여러 개의 원을 만들어 돌고 돌면서 춤을 추니 시간이 갈수록 동참자들이 늘어났다. 저녁 시간에 열리는 오페라 공연 티켓을 사기 위해 줄을 서 있는 사람들과 입장을 위해 줄을 서 있는 사람들이 뒤섞여 광장은 거대한 인파로 넘실거렸다.
밤 7시쯤, 갑자기 천둥 번개가 치더니 비가 억수같이 쏟아졌다.

사람들은 광장에 폭탄이라도 떨어진 것처럼 순식간에 비를 피할 수 있는 곳으로 흩어져 버렸다.

다음 날 아침 나는 시내버스를 타고 어제의 뜨거웠던 브라광장을 다시 찾았다. 괴테가 깎아내렸던 테아트로 필아르모니코 극장(Teatro Filarmonico)과 교도소였지만 지금은 미술관과 식당 등 다른 용도로 바뀐 팔라초 델라 라지오네(Palazzo Della Ragione), 팔라초 카노사(Palazzo Canossa)와 산타 아나스타시아(Church Santa Anastasia) 성당을 거쳐 가리발디다리를 지났다. 그리고 시가지가 한눈에 내려다보이는 파르코 세사레 롬보르소 공원에서 한참 도시를 바라보았다.

아디제강은 베로나를 만나서 크게 휘감아 돈다. 두 번 크게 감아 돌아 나갔다. 도시에서는 강 하나가 경직성을 허물고, 콘크리트 구조물에서 나오는 사막 같은 건조함을 감소시키는 역할을 한다. 베로나에 아디제강이 흐르지 않는다면 무거운 역사 도시로만 남지 않았을까?

베로나에서 아레나 못지않은 명성을 얻고 있는 장소가 줄리엣의 집이다. 나 같은 사람까지 줄리엣의 집 문턱을 넘어 복잡하게 만드는 것이 미안했지만, 인파 속에 묻혀 줄리엣의 집 마당만 밟고 나왔다. 사실 문턱 앞에서 장사진을 친 사람들의 표정이 더 즐거운 광경이었다.

괴테는 "내가 보는 사물을 통해서 나 자신을 알려고 경이로운 여행을 하고 있다"고 여행의 의미를 말했다. 나는 베로나에서 뿐만 아니라 다른 도시들에서도 '모두'를 선택하는 안전함 대신 '하나'를 선택하는 위험을 감수하고 싶었다. 이곳 베로나에서 선택한 아레나처럼 '하나'의 사물을 통해서 나 자신을 바라보고 싶었다.

고대 로마의 원형경기장 아레나에 도착하자마자 바로 계단을 올라 경기장 안으로 달려 들어갔다. 숨통을 트이게 만드는 그 널찍한 경기장을 한눈에 보고 싶어서였다. 타원형의 경기장이 한눈에 들어왔다. 굳이 눈동자를 돌려 살펴볼 필요가 없었다. 그만큼 안정감이 있다는 뜻이기도 하다. 3만 명을 수용할 수 있는 규모로 계단식으로 된 객석은 여러 차례 보수되었지만, 사람들의 발걸음과 비바람에 마모되어 윤기가 흐를 정도였다.
그래도 정(釘)이 가해졌을 것 같은 움푹움푹한 자국들은 그대로 있었다. 연중 개최되는 공연으로 인하여 경기장 마당과 정면에는 현대식 객석과 무대가 고정식으로 설치되어 기대했던 느낌을 반감시키는 아쉬움도 있었다. 하지만 문화재의 보존과 활용 적인 측면에서 볼 때 의미 있는 방식이라는 생각이 들었다. 그만 큼 아레나가 잘 보존되어 왔다는 것이기도 하다.

왜 원형경기장이었을까? 이 탁월한 발명품을 생각해 낸 사람은 누구일까? 높은 자나 낮은 자나, 부자나 빈자나, 연로한 자나 연 소한 자나, 체격이 큰 자나 작은 자나 모두 같은 하나의 인격체, 하나의 머리로만 척도 되는 기발한 발상은 누구의 재주였을까? 경기장 안에서는 어느 구석진 곳에서 나오는 숨소리, 탄식 소리, 외침이나 저주나 비명이나 환호나 분노와 같은 미세한 소리조 차도 세밀하게 들을 수 있었다.

급한 마음에 보지 않고 지나가 버렸던 1층 통로에는 작은 방들 이 만들어져 있었다. 이곳을 스쳐 갔던 수많은 검투사, 사자와 같은 맹수들, 희로애락을 연출했던 연극배우들, 세상을 다 줄 것 처럼 사람의 혼을 빼놓았을 연설가들, 그들이 이곳에서 숨죽이 며, 때로는 단호함과, 때로는 생명을 건 절체절명의 순간을 보낸 자리였으리라.
사물을 통해서 나를 보고 세상을 보는 것이다. 그것이 낯선 곳으 로의 여행이 주는 신선한 열매다. 하지만 아레나가 제아무리 평등의 공간이라고 하더라도 입장하지 못한 저 브라광장의 군중들은 어떤 존재였던가? 어쨌든 역사는 숱한 질문과 질문을 던져놓는 공간이다.

사람 앞에 나서고 군중들의 환호를 즐겨 했다는 황제 요제프 2세와 교황 비오 6세 조차도 이곳에 가득 찬 군중들 앞에서는 입을 다물지 못했다 하니 과연 원형경기장 본연의 모습은 군중으로 가득 찼을 때의 모습인 것이다. 군중 또한 그 어디에서 보다 원형극장 속에 있을 때 개인으로서뿐 아니라 군중으로서 존경받을 수 있었다. 그랬기 때문이었나, 괴테는 이렇게 말했다. "이곳 아레나와 같은 원형경기장은 원래 민중이 저 자신에게 가장 깊이 경탄하도록 만들어졌다. 하지만 지금은 텅 비어 있으니 아무런 척도도 없고 건물이 큰지 작은지조차 가늠할 수 없다"라고.

괴테가 베로나 사람들을 향하여 가난하고 게으르며 지저분하지만, 온화하고 인간미 흐르는 밝은 면이 있다는 칭찬 반 놀림 반으로 말했던 도시 베로나. 그가 말했듯이 사람들의 어두운 면도 존경할 만한 것처럼, 역사의 어두운 면 또한 우리의 거울이다.

베로나 아레나

아레나 내부

베로나 시가지와 아디제강

'단 하나'를 가진 도시,
비첸차

소설이지만 허구적 얘기로만 볼 수 없었던 괴테의 《젊은 베르테르의 슬픔》 여백에 나는 이렇게 메모를 해 놓았던 적이 있다. '우리가 무엇을 표현 할 수 있는 방법 중 죽음이라는 방식은 하늘이 준 최고의 방식이다. 그 어느 피조물도 따라 할 수 없는, 오로지 인간에게만 부여해 준 하늘의 선물이다. 베르테르는 그 선물을 십분 활용했으니, 이것보다 극적이거나 호소력 있는 방식은 아직은 없어 보인다'라고.
괴테는 베르테르라는 인간을 죽음으로 인도하여 신분 질서와 문화적 카르텔 속에 갇혀 있던 그에게 자유를 주었다.

비첸차에는 안드레아 팔라디오(Andrea Palladio, 1508~1580)라는 거장의 숨결이 살아 있다. 500년 전에 그는 죽었지만 영속성을 가지고 여전히 도시에 존재한다.

작은 도시 비첸차, 유명한 관광지 하나 없는 이곳에 이틀 동안 배회하고 방황하듯 쏘다녔다. 천둥과 번개가 치고, 해가 났다. 다시 가랑비가 내렸다. 골목길에서 아프리카 전통 악기로 연주하는 흑인 악사와 눈을 마주쳤다. 내가 아는 이탈리아 말이라고는 '본주르노', '그라찌에' 단 두 마디의 단어뿐이지만, 나를 이끈 것은 소중한 뭔가가 이곳에 숨어 있기 때문이었다.

베로나에서 비첸차는 기차로 30분 걸려서 도착했다. 역에서 내려 다운타운에 있는 숙소로 가는 데까지 느린 걸음으로도 15분이 채 걸리지 않았다. 그사이에 도시의 분위기를 거의 파악할 수 있었는데, 중심지를 두고 방사형으로 도로가 형성되어 있는 간결한 도시였다.

무엇이 나를 이곳으로 이끌었는가? 괴테가 그랬던 대로 북극성이며, 모범으로 추앙받고 있는 이가 있음을 확인하기 위함이었다. 베로나가 '모든 것'을 가지면서도 나머지 '하나'까지 가진 도시였다면, 비첸차는 단 '하나'를 가진 도시다.

팔라디오가 없는 비첸차, 비첸차가 없는 팔라디오는 상상할 수가 없다. 운명적으로 만난 둘은 서로를 치켜세워 주며, 미래까지 약속했다. 시내 서점에서 산 VICENZA le Ville e il Palladio에 따르면 팔라디오가 남긴 건축물은 비첸차에만 29개소가 되었다. 그의 작품마다 간결한 사인물이 세워져 있고, 어떤 것들은 유네스코 문화유산까지 등재되었다.

간단히 아침을 해결한 후 숙소에서 걸어서 10분 거리에 있는 테아트로 올림피코(Teatro Olimpico), 박물관으로 사용되고 있는 팔라쪼 키에리카티(Palazzo Chiericati), 템피오 디 산타 코로나(Tempio di Santa Corona) 그리고 팔라쪼 레오니 몬타나리(Palazzo Leoni Montanari)와 바실리카 팔라디아나(Basilica Palladiana)를 오전에 감상하고, 오후에는 걸어서 1시간 거리에 있는 빌라 로톤다(Villa la Rotonda)까지 순례자의 마음으로 돌아보았다.

–
팔라쪼(Palazzo) : 영어의 팰리스에 해당하지만, 궁전에 한하지 않고, 가로변의 큰 건물 전반에 걸쳐 사용되며, 비교적 작은 주택은 집이라는 뜻의 카사라 한다.

팔라디오 또한 그의 대표 작품인 바실리카 팔라디아나 옆에 서 있는 볼품 사나운 건축물들과 탑들을 모조리 없애 버릴 생각이었지만 실천하지는 못했다. 지금 상황도 마찬가지였다. 바실리카 팔라디아나와 불과 1m 간격도 안 되게 서 있는 복잡한 건축물들이 그의 건축물과 대비를 이뤄 바실리카 팔라디아나를 돋보이게 만들어 주었다. 그 또한 합리성과 불합리성이 공존하는 것이 세상 이치라는 것을 깨달은 것이다.

테아트로 올림피코는 지금도 여전히 공연이나 행사가 열리고 있었다. 며칠 전에 본 베로나의 아레나가 야외극장이었다면 고

스란히 실내로 가져온 것이 바로 테아트로 올림피코다. 나무로 만든 계단식 원형 객석은 밟을 때마다 찌걱거리는 소리가 나 이 건물이 얼마나 오래되었는지 짐작을 하게 만들었지만, 극장 내부는 500년이 넘은 세월 속에서도 여전히 윤기가 자르르 흘렀다.

로톤다는 시 외곽 한편에 자리하고 있다. 거기까지 가는 버스가 있다고 하지만 어지간한 거리는 걷는 것이 오히려 시간도 아끼고 주변도 감상 할 수 있기에 4km가량을 걸었다. 갑자기 쏟아진 빗속에서 어렵사리 찾아낸 로톤다는 문이 굳게 잠겨 있었다. 철창 대문 문살 사이로 정면만 바라볼 수 있었지만, 그의 안정감과 품위를 느끼기에는 부족함이 없었다. 이것이 백악관이나 다른 유명한 건축물들의 모본이 되었다고 한다. 그 가치 때문에 유네스코 세계 문화유산으로 지정되었다.

이 작품은 팔라디오의 빌라 중에서 가장 유명한 것으로 팔라디아니즘의 상징으로 추앙되고 있다. 빌라를 유명하게 만든 요인 중의 하나는 입지조건이었다. 그의 《건축4서》에는 이렇게 기록하고 있다. "부지는 더할 나위 없이 아름답고 쾌적한 곳에 있다. 쉽게 오를 수 있는 작은 언덕 위에 있으며 한 편에는 배가 다니

팔라쪼 키에리카티 | 바실리카 팔라디아나 | 로톤다

는 바킬리오네 강이 흘러 윤택하고, 다른 편은 매우 아름다운 구릉지로 둘러 싸여 있어 마치 큰 극장과 같은 형태를 이룬다"라고.

가는 비 사이로 언덕 위의 로톤다가 내 손에 잡힐 듯하였다. 한 폭의 그림 같은 로톤다, 이와 같은 것들 두고 픽처레스크한 건축이라고 한다. 이는 중세풍 저택에서 볼 수 있듯이 비대칭적 형태로서 재미있고 변화가 풍부한 건물을 가리킨다. 좋은 건축물은 그려보면 안다. 사람도 그림이 되는 사람이 있다. 아름다운 것은 그림이 될 수 있다.

괴테는 주민들이 주관한 한 아카데미 모임에 참석했다. 테아트로 올림피코 옆의 건물에서 열린 모임에는 지역의 유력 인사 500명 정도가 모였다. 주제는 예술에 있어 더 많은 이점을 가져온 것이 창의력이냐 모방이냐였다. 때로는 박장대소를 하고 브라보도 외치는 생동감 넘치는 모임이었다.
그렇게 자유롭게 진행되는 토론을 지켜본 괴테는 '독일에서는 오로지 엄숙하게 앉아 글을 쓸 뿐이며, 사람들은 그것을 듣기만 하고 모퉁이에 웅크리고 앉아 곰곰이 생각하는 것이 전부'라고 부러워했다.

낙천적인 이탈리아인들의 성격이 이런 토론장에서까지 표출되었다. 창의력이냐 모방이냐 중에 하나의 정답을 얻고자 하는 것은 닭이 먼저냐 달걀이 먼저냐와 같은 난제일 것인데. 이날 모임에서도 정답을 얻고자 함 보다는 토론의 장이 마련됐다는 것에 더 큰 의미가 있었다.

이 도시에서 나는 '모든 것'이 아닌 단 '하나'를 팔라디오로 꼽았다. 괴테는 이렇게 평가했다. "그는 고대인과 고대의 건축물을 철저히 연구하여 우리 시대의 요구에 맞도록 적용했다"라고. 비록 신의 영역인 창조는 아닐지언정 참과 거짓을 버무려 제3의 것을 만들어 우리를 끌어당기는 위대한 작가의 힘을 그에게서 보았다.

로마로 가는 여정 중에 만난 진정한 로마인 팔라디오, 그 이전의 비트루비우스(M. P. Vitruvius)로 이어지는 로마의 시원을 그 두 인물 속에서 발견했기 때문이다. 어디에 있든지 괴테의 시선은 고대 로마에 맞춰져 있었다.

저녁 무렵에 태양이 지면서 내려앉은 빛이 도시의 역사지구로 들어가는 관문인 카스텔루 광장의 탑에 걸려 있는 것을 보았다.

문득 앞으로 수없이 만나고 스쳐 지나갈 도시들이 떠올랐다. 이미 여덟 개의 도시들이 나를 스쳐 지나갔다. 벌써 아련한 기억 속으로 빠져들어 가는 순간이지만 앞으로 만나게 될 도시들도 결코 소홀히 대하지 않겠노라고, 과소평가하지 않겠노라고 다짐했다. 어느 도시나 어느 동네나 여행자들에게는 소중한 쉼터가 되겠지만, 그보다는 도시를 채우고 있는 정신을 존중해야 하기 때문이다.

숙소에 도착하자 태양은 비첸차의 상징적 건축물인 바실리카 팔라디아나(Basilica Palladiana) 꼭대기에 걸려 있었다.

테아트로 올림피코

테아트로 올림피코 내부

자유로운 그러나
고독한 군상들의 도시, 파도바

여정은 점점 동쪽으로, 도시의 분위기는 절제에서 자유로 진행하고 있었다. 비첸차에서 파도바(Padova)까지는 커피 한 잔 정도의 시간이면 도착 할 수 있는 가까운 거리다. 높은 산에 올라서면 서쪽으로는 비첸차가 보이고, 동쪽으로는 베네치아가 가까이 있다.

나에게 파도바가 자유로운 도시로 각인된 이유는 파도바대학, 파도바대학에서 학생들을 가르쳤던 갈릴레이와 코페르니쿠스, 의학자 지롤라모 프라카스토르와 같은 존재 때문이다. 파도바대학은 공식적으로 1222년에 설립되어 볼로냐대학 다음으로 이탈리아에서 오래됐다. 문서상 대학교로 기록된 것을 기준으로 했으니, 실제로는 이보다 훨씬 더 오래됐다는 것이 정설이다.
그런 평판에도 불구하고, 괴테는 파도바대학을 방문하고는 실망을 금치 못했으니, 학교 해부학 실험실의 열악한 환경 때문이었다.

나는 학교의 해부학 실험실과 박제된 동물들, 조류들을 전시해 놓은 공간을 오랫동안 흥미롭게 돌아보았다. 몇몇 학생들과 교수들도 만나 보았지만, 괴테가 느꼈던 환경은 찾아볼 수 없었다.

여행은 고독을 자처하는 나그네로 나서는 행위다. 괴테는 자신을 나그네로 표현하곤 했는데, 이탈리아로 떠나오기 10년 전, 그러니까 바이마르 공화국의 국무에 종사하기 시작했던 바로 그 해에 그는 '나그네의 저녁 노래'라는 시를 지었다. 그로부터 4년 후에도 같은 제목의 시를 지었는데, 그의 마지막 생일이었던 1831년 8월 28일 어느 작은 산장의 벽에 걸어 놓은 그 시를 읽으며 눈물지었다는 일화도 있다.

> 나그네의 저녁 노래
> 하늘로부터 온 그대 / 모든 괴로움과 고통을 달래 주고 / 갑절의 원기로 채워 주는구나 / 아, 나는 떠도는 데 지쳤다 / 이 모든 고통과 기쁨은 무엇이란 말인가? / 감미로운 평화여 / 오라, 아, 오라 내 가슴속으로!

파도바는 만테냐(Mantegna)의 고향이다. 그의 작품은 주로 에레미타니(Eremitani)성당에 걸려 있었는데, 성당이 어둡고 그림도 탈색이 되어 제대로 감상하기가 어려웠다. 만테냐 그림들과 만난 괴테는 만테냐의 날카로움과 더욱 견고해진 현실성이 티치아노와 같은 후배들을 배출시켰고, 이런 노력들이 야만 시대(중세) 이후에 예술이 발달 할 수 있는 토양을 마련했다고 했다.

어쩌면 이러한 것은 파도바가 지닌 자유에서 그 근원을 찾을 수 있을지도 모른다.

이탈리아 사람들만큼 담소 나누기를 좋아하는 사람들이 있을까? 광장에 앉아 무슨 할 말이 그리도 많은지, 아이스크림 하나, 생맥주 한 잔, 병아리 눈물만 한 에스프레소 한 잔에 세상 이야기를 다 쏟아 놓았다. 그래서 역사 이래로 광장 문화가 발달한 것일까?

이탈리아의 아파트들은 육중하고 우람하여 일단 분위기가 무겁다. 그래서 아파트가 있는 골목에 들어서면 사람을 움츠려들게 만든다.
대문도 오래되어 무거운 통나무 문이든지 아니면 교도소 정문처럼 문을 열고 닫을 때마다 '철커덩' 소리가 나는 육중하고 검은 철 대문이다. 열쇠로 자물쇠를 열고 잠글 때도 상당히 힘들다.
이탈리아의 건물들은 대부분 대리석이나 콘크리트로 건축되어 몇백 년은 쉽게 견뎌낸다. 그래서 유럽 도시들의 건축물들은 중세 시대 때 지어진 것들이 부지기수다. 건축 환경 자체가 그랬을 수 있지만, 건축에 대한 세계관이 다르기 때문이기도 하다.

우리의 경우 삶과 죽음이 자연에서 태어나 자연으로 돌아가는 것으로 인식하는 것처럼 건축물도 시간이 지나면 자연스럽게 생명을 다하여야 한다는 정신이 담겨 있다. 그러므로 인근 산야 에서 쉽게 구할 수 있는 나무나 짚, 흙, 돌 등으로 건축을 하여 수명이 길어야 100년 정도다. 물론 몇백 년을 이어온 한옥이 있 기는 하지만 이는 특별한 경우다.

파도바 또한 육중한 건축물을 자랑하는 도시 중에 하나다. 산타 쥬스티나(Santa Giustian) 성당과 파도바 시청 건물의 접견실인 팔라초 델라 라지오네(Il Palazzo Della Ragione)는 단일 홀의 크 기 면에서는 어디에 내놓아도 뒤지지 않는다. 그 크기 때문에 살 로네(Salone)라고 불리는 팔라초 델라 라지오네는 내 걸음으로 길이를 재어 보니 약 100보나 되었다. 자그마치 100m가 되는 셈이다. 폭은 길이의 1/3 정도였는데, 이만큼 큰 규모의 건물을 어디든 찾아보기 어렵다. 1층은 점포로 활용되었고, 광장은 오 전에만 반짝 열리는 야시장이었다.

산타 쥬스티나 성당 한쪽 예배실의 높은 좌대 위에는 신약성경 의 누가복음과 사도행전을 기록했던 누가의 무덤(관)이 안치되 어 있었으며, 가롯 유다의 배반으로 십이사도에든 맛디아의 관도 반대편 예배소에 안치되어 있었다.

마침 수요일이라 미사가 드려지고 있었는데 불과 10여 명 정도의 노인들만 참여하였다. 1부 미사는 젊은 사제가 인도하는 일반인 중심의 미사였으나, 2부 미사는 연로한 사제들도 무거운 육체를 이끌고 참여하는 것으로 보아 사제들을 위한 미사로 보였다.

미사 도중에 성당을 순례하는 사람들이 가끔 들어오고 찬양 소리는 거룩하게 공명하여 첨탑이 솟은 높은 공중으로 올라갔다가 다시 내려오기를 반복해 울림이 끊이지 않았다. 미사 찬송은 높낮이가 크지 않아 거의 일정한 음계에서 진행되어 떨림이 덜함에도 오히려 잔잔함 속에서 느끼는 여운은 더 오래갔다.

열두제자에 들지는 않았지만, 교회사에 없어서는 안 될 제자로 남아 있는 누가의 관을 앞에 두고 드려지는 것 때문인지 미사는 더욱 엄숙했다. 의사인 그는 업을 내려놓고 바울과 함께 복음의 현장으로 뛰어들었다. 바울의 순교 때에도 누가가 지키고 있었을 정도로 바울의 전도 여행에 목숨을 건 동반자였다. 대 미사실과 또 다른 미사실이 있음에도 하필이면 누가의 관을 앞에 두고 미사를 드리는 이유는 그가 교회사에 남긴 의미가 그만큼 크다는 것을 뜻한다.

사제들만의 미사에 참여한 숫자는 많아야 스무 명 정도였다. 고개를 숙인 사제들, 눈을 감은 사제들, 미사는 시종 내내 엄숙하고 경건하였다. 소리는 천장에서 떨렸다. 순례객들이 육중한 출입문을 열고 들어오는 순간에는 바깥에서 엄습해 오는 빛이 사람을 따라 들어오다가도 문이 닫히는 순간부터는 어둠이 성당 안을 다시 지배했다. 단지 찬양 소리에 따라 촛불만 떨릴 뿐이었다.

순례객들은 오로지 문 하나만 통과했을 뿐인데 고독의 관문을 통과한 것처럼 보였다. 사제들은 영원한 고독이라는 올무에 사로잡힌 사람들처럼 고독으로 물들여진 검은 사제복을 둘러쓰고 있었다.

1부 미사에는 함께 하다가, 2부 사제들만의 미사 시간에는 한참 멀리 떨어져서 지켜보았다. 참여했던 1부 미사 때 보다 멀리서 지켜볼 때의 미사에 더 전율이 되었다. 높고 큰 공간에 공명하는 찬송 소리와 성경 낭독 소리, 가끔 들려오는 노 사제의 한숨 소리도 내 심장을 타고 들어왔다.

괴테도 산타 쥬스티나 성당 구석에 홀로 앉아 사제들이 느끼는 고독을 깊숙이 들여 마셨었다. 아무도 그가 이런 무거운 공간 속에 그 시간을 그렇게 웅크리고 있으리라는 것을 짐작하지 못했다. 화려한 출정식은 없었을지라도, 적어도 바이마르 공화국의 국무를 담당했던 이로써, 당대에 이름난 작가 괴테가 이런 고독한 자리에 쪼그려 앉아 있을 것이라고는 상상하지 못했을 것이다.

살로네에서 그는 존재감도 없었을 것이다. 맨 앞쪽에는 1466년에 만들어졌다는 거대한 목마(木馬)가 높은 거치대 위에서 마치 하늘로 승천하는 것처럼 자세를 갖추고 있었다. 어찌나 공간이 컸던지 실제 말의 10배 정도 크기의 목마가 그 자리에 있다는 것을 안 것은, 발걸음으로 방의 길이를 재기 위해 가까이 다가 갔을 때였다.

산타 쥬스티나 앞의 프라토 델라 발레(Prato della Valle)로 불리는 광장 또한 성당의 크기나 명성에 걸맞게 무한정 넓었다. 이날 광장에는 9월 중순의 따끈한 태양 아래 소풍 나온 학생들과 연애를 즐기는 젊은 연인들, 저녁 석양처럼 인생의 황혼을 맞이한 노인들이 광장을 가득 메우고 있었다.

원형으로 만들어진 광장의 가장자리에는 수로(水路)가 조성되어 있고, 수로를 따라 안팎의 이중으로 조각상들이 수십 개는 세워져 있었다. 이 지역 출신이거나 도시에서 공부하고 나름대로 업적이 있다는 것을 증명만 할 수 있다면 누구든 세울 수 있었다고 했다. 도시의 자유로운 분위기 덕분일 수 있다. 조각상 중에는 갈릴레오 갈릴레이도 있었다.

고독한 군상들 아래 어떤 무리는 잡담으로, 어떤 이들은 애정 표현으로, 또 어떤 이들은 짓눌린 무게감으로, 각양각색의 표정들이 해 질 녘 오래된 건물에 부딪혀 부서진 빛들에 섞여 광장에 나뒹굴고 있었다.

산타쥬스티나 성당의 누가 무덤(관)
팔라초 델라 라지오네(일명 살로네) | 파도바 천문대

프라토 델라 발레 광장

시간 앞에서만 굴복했던 나라,
베네치아

파도바의 산타 쥬스티나 성당에서 홀로 고독을 즐겼던 괴테는 여행자들로 넘쳐 나는 베네치아(Venezia) 산마르코 광장 인근에 숙소를 잡고 군중 속을 거닐었다. 그리고 시간을 정하지 않고 물릴 때까지 머물렀다. 그는 이곳에서 '고대했던' 진정한 고독을 누리며 행복해했다.

해 질 무렵 나는 아카데미아 다리 위에 걸터앉았다. 저 멀리 리도섬 너머 아드리아해가 넘실거렸다. 다리 아래에는 택시(船)와 버스(船), 곤돌라가 쉼 없이 물살을 가르며 지나가고 있었다. 여기는 차원이 다른 세상, 누구도 이 나라를 정복할 수 없었던, 오로지 시간에만 굴복했던 나라 베네치아 공화국이다.

14, 5세기의 베네치아에 비하면 오늘의 베네치아는 그림자에 불과하다. 엄청난 부와 해상 권력을 손에 쥔 초강대국이었으니 말이다. 당시의 인구를 20만 이상으로 추정한다. 눈을 감고 그 날을 상상해 본다. 골목마다 가득 찬 세계 무역상들, 금융업자들, 선박 건조 기술자들, 밀수업자와 수입상들, 이들을 꼬드겨 한탕치는 잡배들까지 화려했던 시간들을 상상하기는 그렇게 어렵지 않았다.

괴테의 말을 빌리자면, 베네치아는 우연히 하나둘 모여든 사람들이 합류하여 나라를 이루어 낸, 일상의 나라가 아니라 필연성에 따라 가장 불리한 장소에서 가장 영리하게 재탄생된 새로운 피조물이다.

이들은 인류가 기후나 풍토에 따라 대륙으로 이동해 온 것과 같은 방식이 아닌 새로운 인종이었다. 그러니 이들은 모래성과 같은 늪지대에 바위와 나무를 박아 그들만의 세상을 창조해 나갔다. 좁은 땅이 생기면 그것을 서로 나누어 주고 통로를 내어 주었다. 사적이거나 공적인 공간을 막론하고 필요 이상으로 넓게 만들지도 않았다. 도로나 광장과 같이 더욱 넓은 공간이 필요했던 공적인 공간은 바다를 활용했다. 그러니 베네치아는 다른 나라와 비교가 아닌 오로지 자신과의 경쟁이요, 비교 대상이 될 뿐이다.

베네치아 첫 여정은 운하를 따라 무작정 걸었다. 될 수 있는 대로 물 가까이 가서 운하를 보는 것에 집중하였다. 가끔 운하로 접하지 못하고 좁은 막다른 골목길로 들어가더라도 다시 운하로 접하는 골목길로 찾아 들어가곤 했다. 결국 산타루치아역과 리알토 다리를 지나 아카데미아 미술관과 폐기 구겐하임 컬렉

션 광장으로 빠져나왔다.

올라오는 길은 운하를 건너 산마르코 광장에서 역순으로 올라
와 산타루치아역으로 올라오는 코스를 선택했다. 다음 날에는
운하와 접하지 않는 골목길을 무작정 걸었다. 걷다가 막다른 골
목길이 생기면 어김없이 곁길로 빠지는 또 다른 골목길을 만나
게 되었다. 설사 그렇지 않을 경우에라도 되돌아 나와 새로운 길
로 접어들면 그만이었다. 어디로 가든 연결이 되는 좁은 골목길
이기 때문이다.

120개의 작은 조각 섬, 180개의 작은 운하, 410개의 크고 작은
다리로 연결된 물 위의 도시 베네치아, 거미줄 같은 운하로 인해
자칫 분리와 단절로 도시 자체가 형성되지 못할 처지를 오히려
연결과 통합의 논리로 바꾸어 놓았다.

이들은 대체 어떤 사람들이었을까? 모래와 늪지대뿐이었던 바
다에 말뚝을 박은 후 이를 견고한 바위로 대체시키고 역발상으
로 새로운 문명을 창조해 냈으니 분명 그들은 이 땅의 사람이
아닐 수 있다.

미로와 같은 골목길을 걷다가도 수많은 성당 안에 사로잡혀 있는 무한정 가치있는 보물보다 내 눈에 더 박히고 내 시선이 멈추는 곳은 허물어진 담장, 이끼 끼고 때 묻은 대문, 오래된 호텔, 수십 대째 그 자리에서 음식을 파는 카페나 식당들, 나아가 운하를 연결하는 수많은 다리였다. 베네치아를 베네치아답게 만든 것은 보석으로 꾸민 궁전이나 성당, 그 안에 장식된 그림 몇 점이 아니라 바로 나뉜 곳을 연결하는 연결의 속성, 누구도 꿈꾸지 못했던 다른 세계에 대한 동경이 베네치아를 있게 했다.

괴테도 썰물 때의 겸손한 모습을 보고 싶어 산마르코 대성당의 종탑에 올랐다. 여행은 자진해서 썰물이 되는 것이기에 가능한 바다로 멀찍이 후퇴하여 지나온 길을 되돌아보는 일이었다.
그러고는 베네치아의 상징 곤돌라에 누웠다. 베네치아 사람들이 자신의 곤돌라에 누워 하늘을 자기 품 안으로 불러오는 모습처럼, 그도 곤돌라에 누워 아드리아해의 주인이 되고 싶어 했다. 어릴 적 가지고 놀았던 곤돌라가 장난감이 아닌 현실이 되어 그를 보듬어 주기를 바랐던 일들을 회상했다. 곤돌라는 조금씩 파도에 넘실거리더니 아이의 요람처럼 고요 속으로 괴테를 품어 안았다. 그의 베네치아 경구(Venetianische Epigramme)는 아마 이때 탄생하였을 것이다.

이 곤돌라를 나는 조용히 흔들어 주는 요람에 비교하는데 / 그
위의 궤는 넓은 관(棺) 같다 / 정말 그렇다! / 요람과 관 사이를
건들건들 오가며 / 둥둥 떠 중앙운하 위에서 우리는 근심 없이
생을 관통해 지나간다.

산마르코 대성당의 지붕과 아치, 천장들과 벽면들을 뒤덮은 모
자이크는 화가의 솜씨에 따라 수준이 달랐다. 최초의 구상에 따
라 모든 것이 달라지는 것처럼 맨 처음 생각이 척도가 되는 것
이다. 그는 베네치아에서 고통스러운 일이기는 하나 그 기초 그
림을 다시 그리고 있었다.

심지어 도시에 사는 사람들은 얼마나 밝고 명료하고 꾸밈이 없
는지. 도시 사람들은 낮 동안에는 그들의 생업에 종사하다가도
밤에는 극장에서 배우가 되고 관객이 되어 한데 어울렸다. 동화
적 이야기의 주인공이 되고 가면을 쓰고 허상에 잡혀보기도 하
고, 아이들처럼 그들이 아닌 그들이 되는 모습을 지켜봤다. 그가
가지고 있었던 오감을 모두 가중한 것처럼, 지금부터 가지게 되
는 감각만이 자신이 그처럼 갈구했던 것이라는 듯이 두껍게 칠
해진 밑그림을 벗겨내고 새로운 밑그림 그리기에 여념이 없었
다. 괴테는 새로운 세상 베네치아에서 새로운 피조물이 되려고

베네치아 대운하 | 산마르코 광장 | 산마르코 광장의 인파

했다.

산마르코 대성당은 인간이 만들 수 있는 가장 화려함의 극치다. 이집트에서 탈취해 온 마가의 유해가 모셔진 성당은 마가복음을 쓴 그의 심성과 비교해 보면 그가 입을 옷이 아니다. 바티칸의 베드로 대성당도 어부였던 베드로의 투박한 외모에 비하면 베드로답지 못하다. 괴테는 이런 면에서 나와 생각이 같았을까? 베네치아 경구편의 시집에는 그의 아쉬움이 묻어났다.

> 순례자는 열심히 성지 참배를 한다 / 한데 성인을 찾아낼 것인가? / 기적을 행한 사람의 말을 듣고 모습을 볼 것인가? / 아니다 그이는 시간이 데리고 가 버렸다 / 그대가 찾은 건 오직 잔해, 그의 두개골 뿐 / 그의 뼈 몇 조각이 보존되어 있다 / 이탈리아를 찾는 우리는 모두 순례자 / 흩어진 뼛조각 하나도 우리는 믿음에 차 즐겁게 기다린다.

그는 여행자들에게 이렇게 당부했다. "왜 다들 저렇게 뛰어다니며 떠들어 대고 있는가? 다 먹고 살려는 짓, 애를 낳고, 애들을 먹이려는 것이다. 될 수 있는 대로 잘 명심하라. 여행자여, 이를 명심하고 집에서도 그렇게 하라. 어떤 인간도 그 이상 이루지 못한다. 제아무리 애쓴다 해도"

시간은 누구의 것인가? 시간이 많다거나 시간이 없다거나 하는 말은 시간이 내 소유가 아니라는 것을 망각한 것에서 나온 말일 수 있다. 그러니 세상 모든 사람은 시간 앞에 굴복할 수밖에 없는 존재다.

이것을 깨달았던 베네치아인은 시간에 무릎 꿇지 않아도 되는, 그 너머의 세상을 꿈꾸었을 수 있다. 그들의 이상과 꿈, 꿈은 꿈을 낳고, 이상은 이상을 탄생시켰다. 도달된 꿈과 이상에 머문다면 베네치아인이 아니다. 동방을 정복하고 세계 무역을 주름잡았던 그들은 또 다른 이상과 꿈을 가지고 있었을 것이다.

은하수 너머 어느 별에 그들만의 별을 만들어, 별을 연결하고 은하수를 연결하여 저 너머의 새로운 베네치아를 꿈꾸었던 것은 아닐까? 죽음과 같은 감옥에서 탈출했던 카사노바, 별과 같은 티치아노, 젠틸레 벨리니, 조르조네, 틴토레토, 베로네세, 티에폴로 같은 무수한 영웅들과 함께.

핑크빛 장미 한 송이,
그 이름은 볼로냐

괴테는 볼로냐에 와서 "신앙심이 예술을 높였지만, 미신이 지배하면서 예술을 다시 침몰시켰다"고 말했다.

화가는 일종의 직업이다. 예나 지금이나 배고픈 직업이다. 물론 배부른 화가들도 있겠지만. 배고픈 화가들을 발주자나 정부, 교회가 돈을 주고 그들의 혼을 뺏어 버렸다. 화가는 그의 생각과는 상관없이 원로원이나 교회와 같은 권력자들과 재력가들의 입에 맞는 그림만 그려 댔다. 작품에 화가의 정신이 투영된 것이 아니라 의뢰인의 의도만 그려 넣었다.

볼로냐에서는 박물관이나 미술관에 가지 않았다. 이미 베네치아와 이전의 도시에서 여러 곳을 들러 본 후 괴테와 같은 심정이었으니 굳이 둘러볼 이유를 찾지 못했다.

이곳에 작품을 남겼던 귀도나 도메니코 참피에리, 안니발레 카라치와 같은 화가들은 그들의 탁월한 기량과는 다르게 엉뚱한 그림을 그릴 수밖에 없었다. 괴테는 귀도를 애처롭게 여기면서 "멘디칸티 교회에 있는 귀도의 그림은 인간이 그릴 수 있는 모든 것이지만 또한 화가에게 주문하고 요구할 수 있는 무의미한 모든 것이기도 하다"라고 한탄했다.

그래서 화가들은 그림 속 주제와는 다르게 그들만의 코드를 심어 놓은 경우도 있었다. 일종의 화가 자신의 자존심을 발주자 모르게 그려 넣는 것이다.

그림에 대한 괴테의 평가는 볼로냐 여행 내내 이어졌다. 어느 그림에서나 보이는 해부 장면, 형틀, 피부 벗기는 장소, 이런 것들로부터 탈출하기 위해 벌거벗은 인물이나 아름다운 구경꾼 여자라든지 종교적인 주인공들을 마네킹처럼 대우해 버린 화가들의 처지를 고발하기도 했다.

사실 괴테의 미술에 대한 가치는 베네치아에서 배운 것이었다. 그곳에서의 인생을 바꿔 놓을 만큼 경이로운 경험을 했다. 최종 목적지 로마에 도착하기 훨씬 전에 여행의 열매를 미리 따 버린 셈이 되었다. 베네치아에서 팔라디오와 그의 정신적 지주인 비트루비우스의 판본을 장만하고서는 기도서처럼 읽었다. 날개가 있었지만 써먹을 수 없었다고 했던 지난 10년간의 바이마르 공화국에서의 삶이, 베네치아와 볼로냐를 지나는 순간에는 완전한 비행을 할 수 있는 엔진을 마련하게 되었다.

불과 한 뼘 정도 떨어진 거리에 있었지만 뚫을 수 없었던 장벽을 단번에 뚫어 버린 것과 같다고 할까. 이것이 17세기에서부터 19세기에 이르기까지 유럽을 풍미했던 그랜드투어의 진정한 가치였다. 37세의 늦깎이 나이에 홀로 잠행하듯 출발했던 괴테의 그랜드투어는 일찌감치 좋은 징조를 보였다.

볼로냐에 도착한 날은 일요일, 나는 거리를 활보했다. 중심 도로를 가로막은 채 재즈 공연이 펼쳐졌다. 무형식의 형식, 흐르는 물처럼 진행되는 공연에 빠져들었다. 공연은 공연이지만 무대 옆에서 벌어지는 즉흥 춤판이 장관이었다. 한두 쌍으로 시작되던 춤판은 나중에는 스무 쌍으로, 드디어 무대를 정복해 버렸다.

볼로냐를 일컬어 뚱보의 도시, 박사 도시, 붉은 도시라고 부른다고 하는데 뚱보 도시라는 말은 억지로 붙인 것 같았다. 음식이 그만큼 탁월하다는 것인데, 뚱보가 많은 것은 아니다. 이들은 대부분 채식주의자라 살이 찐 사람은 그렇게 많아 보이지 않는다. 뚱보들은 서유럽이나 북유럽 등지에서 온 사람들이다. 볼로냐 사람들은 탁월한 외모를 지녔다.

붉은 도시라는 것은 무엇일까? 다른 도시들에 비해 건축물 컬러가 붉은색 계열인 오렌지나 핑크빛 계통의 건물이 많다. 햇빛을 받을 때 건물에서 핑크빛 파스텔 색조가 강하게 배여 나왔다. 오랜 진보 성향의 정치 역사를 말한 것일 수 있다. 그만큼 세상 흐름과는 다르게 살아왔다는 것 또는 나만의 생각, 가치를 고수하고 있다는 의미다.

오랜 역사를 지닌 볼로냐 대학이라는 확고부동한 정신적 지주가 있어서인지 산 페드로니오 대성당은 기존에 봐 왔던 성당들과는 차원이 달랐다. 외벽은 다른 치장 없이 그냥 밋밋한 회색톤의 벽돌로 마감했다. 더 놀라운 것은 광장에서였다. 분수대나 동상 하나 정도 세울 수 있었겠지만, 실오라기 하나 걸치지 않고 뻥 뚫려 있었다. 일종의 카타르시스를 느끼게 했다.

광장 한쪽 계단에 앉아 홀로 행복에 젖어 들었다. 이런 곳이 있다니. 볼로냐였기 때문인가? 아마 그럴 것이다. 그냥 되는대로 붙이고 세우고 할 도시는 아니기 때문이다. 광장에서는 그동안 여정에 따라붙어 다녔던 피로가 녹아나고 치유가 되었다. 내 심정을 알아주는 도시라는 생각이 들었다.

두 개의 탑으로도 불리는 아시넬리 탑과 가리젠타 탑은 도시의 또 다른 상징이다. 도시 어디에서든 보이는 랜드마크이기도 하다. 탑의 높이도 각각 다르지만 기울기도 약간씩 차이가 있어 위험하게 겹쳐져 한쪽으로 기울어 있다. 낮은 탑은 기울기가 크고 높은 탑은 기울기가 작다. 아찔한 교차 감이 예사롭지 않다.

처음에는 외적의 침입에 대비하여 요새로 활용되다가 후에는 하나의 풍습으로 자리 잡게 되었는데 결국에는 가문의 명예와 세 과시용으로 탑을 세웠다. 누구나 탑을 쌓게 되자 평범한 것을 배격하는 이들의 습성이 일부러 탑에 기울기를 준 것이다. 볼로냐 사람다운 생각 아닌가?

산 루카 성모마리아 대성당까지는 시내에서 5km가량 되는 거리다. 걷기에 자신이 생겨난 후부터 이 정도 걷는 것쯤은 두렵지 않게 되었다. 곧바로 이어진 포르티코(회랑), 몇백 미터쯤 가다가 그치겠지 했는데 끝이 없었다. 결국은 성당까지 회랑이 연결되어 있었다. 장장 4km가 넘었다. 나중에 알고 보니 세계 최장 회랑으로 666개의 아치가 떠받치고 있다고 했다.

볼로냐의 포르티코 길이를 합치면 38km에 이른다. 산 루카 성모마리아 대성당에서 돌아오는 길에 가랑비가 내렸으나 아무도 우산을 쓰지 않았다. 포르티코가 대신 받쳐 준 것이다.

포르티코는 유명한 볼로냐 대학의 강의실 역할을 했었다. 변변한 강의실이 없었던 볼로냐 대학을 위해 시 정부가 포르티코를 만들었다고 하니 대학의 도시답다. 볼로냐 대학이 지금과 같은 자체 건물을 갖게 된 것은 1803년경이었다. 물린 것들에 눈 돌리지 않는 그들, 볼로냐 대학이 머리로 가르쳐 준 것을 회랑이 발과 가슴으로 되뇌어 주었다.

퍼즐이 맞춰지기 시작했다. 비워진 광장, 아무 장식도 없는 성 페드로니아 대성당, 기울어진 두 개의 탑, 핑크빛 컬러의 도시, 진리의 화두 볼로냐 대학, 세계 최장의 포르티코, 작은 마트 하나까지 차지하고 있는 협동조합, 일종의 공통분모가 있음이 분명하다.

두 타워 중 개방된 아시넬레 탑에 오르니 도시는 붉은 색 장미 한 송이가 피어오르는 것처럼 느껴졌다. 물린 것에 눈 돌리지 않는 이들, 진리를 위한 것이라면 어떤 것이든 희생할 수 있는, 내가 아닌 우리를 먼저 생각하는 도시의 느낌이다.

괴테가 쓴소리를 뱉어 버릴 장소로 이 도시를 택한 것도 볼로냐라는 현실성, 진리의 도시라는 믿음에서 온 것일 수 있다.

걸어 본 거리는 결코 잊히지 않았다. 이틀, 사흘 정도 휘감아 걸어 본 도시가 지워질 수 있을까? 내 눈에 볼로냐는 이상일 수 있다. 하지만 다른 도시들에 비해 볼로냐는 무척 현실적이다. 삶의 치열함 속에서 살아가고 있는 사람들에 비하면 나는 적어도 지금만큼은 이상 속에서 살고 있다. 현실은 불편하고 피하고 싶은 곳, 이상은 편하고 가고 싶은 곳이다. 하지만 현실 없는 이상, 이상 없는 현실은 어떤 의미일까?

이상과 현실이 번갈아 나타나는 볼로냐, 산 루카 성모마리아 대성당 산마루에서 본 아펜니노 산맥이 북에서 남으로 뻗어 내려 볼로냐를 동쪽에 두고 아래로 치닫기 시작했다. 북쪽에는 티롤 산맥이, 동쪽으로는 아드리아해가 아른거린다. 마치 이상과 현실이 서로 넘나들 듯이.

투 타워에서 본 볼로냐 시가지 | 볼로냐 대학 앞의 포르티코
주말 거리공연

고대 로마 제국의 후계자를 자처한 도시, 산마리노, 리미니

괴테는 베네치아와 볼로냐를 거치면서 지적인 풍모를 갖춰 갔다. 베네치아에서 만난 프랑스 여행자로부터 그의 여행이 "귀하고 의미 있어서 귀한 시간을 낭비하지 않는 것 같다"는 말에 흡족해했다. 그 여행자에 대하여는 진정한 베르사유 사람이라고 예우를 갖췄다.

괴테는 이탈리아 여행 후 질풍노도 시기의 시풍에서 벗어나 인생을 관조하면서 장중한 분위기의 작품을 쏟아 놓았는데, 2행시 형식의 크세니엔(Xenien)이라는 시류가 그것이다.

최후의 수단
위에 통찰이 없고 아래 선한 의지가 없으면
곧바로 폭력이 통치하거나 폭력이 분쟁을 종식시킨다

자유
자유는 멋진 장식, 모든 것 중에서 가장 아름다운 장식
하지만 보다시피, 아무한테나 어울리는 장식은 아니다

시 창작과 진실
허구가 무슨 쓸모가 있냐고? 말해 주겠다.

독자여, 그대도 말해 다오, 현실이 무슨 쓸모가 있는지.

완벽함이란 더 보탤 것이 없는 상태가 아닌 더 뺄 것이 없는 상태를 일컫는다고 생 떽쥐베리가 설파했던 것처럼 이탈리아라는 땅을 밟은 괴테는 이처럼 경구와도 같은 시를 쏟아 놓았다.

괴테는 볼로냐에서 피렌체로 떠났다. 피렌체에서는 몇 시간 머물지 않았다. 마침 로마로 직행하겠다는 마부도 나타났다. 피렌체에서는 스치듯 지나 아레초로 내달렸다. 그의 머릿속에는 온통 로마뿐이었다.

이 행로는 기원전 217년 제2차 포에니 전쟁 때 한니발이 겨울 숙영지였던 볼로냐에서 출발, 아펜니노 산맥을 넘어 피렌체로 내려갔었던 고행의 행군 길이었다. 한니발은 행군이 쉬운 리미니를 거쳐 플라미니아 가도를 따라 남하할 것이라는 예측을 뒤엎고 험악한 아펜니노 산맥을 넘었다. 리미니는 당시에 로마의 동부 요새로서 세르빌리우스라는 장군이 전투태세를 갖추고 있었다.

나는 괴테나 한니발의 행로보다는 당시의 전황을 생각하며, 로마제국의 병참기지나 요새라 할 수 있는 리미니로 가기로 마음 먹었다. 리미니가 왜 병참기지와 요새 역할을 했는지 알고 싶었다. 또한 리미니와 산마리노는 2천 년이 지난 지금에도 로마를 이어가고 있으리라는 생각에서였다.

리미니에는 2시 55분에 도착했다. 아직은 한낮이다. 언덕 위의 산마리노가 손짓하고 있었다. 리미니에서 산마리노까지 매시간 한 번씩 운행하는 버스가 대중교통의 전부다. 거의 한 시간을 기다려 탄 버스는 50분 만에 산마리노의 경사진 도로에 나를 내려두고 종점으로 가버렸다.

산마리노에 묵게 될 숙소는 작은 호텔이었는데 성수기가 지나서인지 숙박객이 나 혼자뿐인 것 같이 썰렁했다. 저 멀리 리미니와 아드리아해가 보이고 바람은 세차게 창문을 때렸다. 침대에는 앉아 보지도 못하고 카메라만 챙겨 곧장 고대 망루가 있는 티타노 산 (Monte Titano)으로 출발했다.
제1망루를 거쳐 제2망루까지 나만 태운 케이블카는 다람쥐처럼 날아다녔다. 모두 군사 요새다. 12세기에 건설되고, 그 후 중수를 하였다고 쓰여 있었다. 망루 아래 참호처럼 생긴 지하에는 대포나 총을 쏠 수 있는 구멍이 산 아래를 향해 있었다. 제2망루에

서 본 1망루는 천년이 흐른 지금에도 아드리아해며 아펜니노 산
맥을 마주하고 있다.

산마리노는 의원내각제의 정치형태지만, 형식상으로는 로마제
국의 일원으로 6개월씩 교대로 집정관이 통치하는 명실상부한
하나의 국가였다. 공식 명칭은 '가장 고귀한 공화국 산마리노
(Serenissima Repubblica di San Marino)'였다. 정상에 올라서 보
면 동서남북 사방팔방 3백 리 정도는 관찰 할 수 있는 요새 중의
요새이기도 하다.

아침에 보니 북쪽 해안 끝으로 도시가 보였는데 베네치아쯤 될
것 같다. 그 아래가 바로 리미니다. 초겨울 같은 거센 찬바람에
공화국의 국기는 타워에서 방패연처럼 날리고 있었다. 밤새도록
비가 호텔 창문을 때리는 바람에 잠을 설칠 정도였다.

아드리아해에 구름이 걷히고 푸른색 줄띠가 생기면서부터 하늘
이 푸르게 바뀔 채비를 하고 있었다. 예약했던 하루 숙박을 취소
하고 급하게 짐을 꾸렸다. 리미니로 가야 했다.
로마의 가도를 하루라도 빨리 보고 싶었기 때문이다. 2천 년도
더 된 가도를 내 두 발로 걸어 보고 싶은 마음이 생긴 것은 십여

년 전 로마 역사를 읽을 때였다. 역사의 현장에 서 보고 싶은 마음은 누군들 같을 것이다.

리미니에는 세 개의 고대 로마 가도(街道)가 있다. 이탈리아 국내에 건설된 가도는 모두 19개 정도인데 그 중에 플라미니아 가도, 아이밀리아 가도, 포필리아 가도가 이곳에서 시작되거나 종착점이다. 플라미니아 가도는 로마에서 리미니까지, 아이밀리아 가도는 리미니부터 피아젠차까지, 포필리아 가도는 리미니부터 아르티눔까지가 주요 노선이다.

서기 14년 아우구스투스에 의해 착공되고 후계자 티베리우스에 의해 서기 21년에 7년간의 공사를 거쳐 완성된 티베리우스 다리가 곧 아이밀리아 가도와 포필리아 가도의 출발점이다. 이것이 지금도 건재한 아우구스투스 개선문 아래로 지나간다. 주변에는 원형경기장 자리도 그대로 남아 있다. 리미니에서는 2014년부터 2021년까지 그러니까 티베리우스 다리의 건축 착공과 준공 시점인 2,000주년을 기념하는 행사를 7년간 벌이고 있었다.

가도가 있다는 것은 군사 요충지라는 뜻이다. 지금으로 치면 고

속도로라고 하겠지만 그 위력은 대단했을 것이다. 병력과 마차가 동시에 강을 넘고 산을 넘을 수 있었다. 가도는 아펜니노 산맥도 넘는다. 그러니 리미니와 같은 유럽의 대부분 도시는 로마 제국의 병참기지로 출발했었다.

그때로부터 2천 년이 더 지났다. 아직도 티베리우스 다리는 대형 차량이 통과해도 문제가 없고, 아우구스투스 개선문도 많은 사람이 오간다. 도시의 상징물로 여전히 건재하다. 동상으로 서 있지만, 로마를 로마답게 한 카이사르까지 힘을 보태고 있어 시가지 전체가 작은 로마라 해도 과언이 아니다.

트레마티리 광장(Piazza Tre Matiri)에서부터 아우구스투스 개선문(Arch of Augustus)까지는 거대한 야시장이다. 해 질 녘이 되어서야 철시를 시작했다. 무게 단위로 파는 옷들을 상인들이 봉지에 주섬주섬 집어넣는 모습을 볼 수 있었다. 2천 년 유적지를 삶의 터전이자 싸구려 장터로 활용하고 있었다. 자존심일까? 지나간 역사로 치부해 버리는 것일까? 아닐 것이다. 단절되지 않고 면면이 역사의 산증인으로 이어가고자 하는 암묵적인 행동일 수 있다.

시가지를 빠져나와 리미니 바다로 나갔다. 5시가 넘었는데도 한낮처럼 밝았다. 저 멀리 바다 가운데는 물결 한 점 보이지 않다가도 해변으로 와서는 파도가 끊이지 않고 백사장을 밀어붙인다. 엄지손톱 크기의 작은 돌멩이 하나를 백사장에서 건져 올렸다. 만져 보기도 하고, 가만히 바라보기도 하였다. 파도가 만들어 놓은 지문이 돌 표면에 새겨져 있었다. 에게해와 지중해에서 밀려온 파도까지 섞여서 만든 지문이다. 다시 구시가지로 돌아왔다. 돌아오는 내내 뒤가 돌아 보였다. 고대 로마의 역사가 잡아끄는 느낌을 지울 수 없었다.

리미니 사람들은 치장하거나 꾸미지 않았다. 160번 버스를 타고 숙소로 오고 가는 버스 안에서 만난 그들은 로마의 후예도, 전쟁 영웅의 후손도 아닌 아드리아해 어느 해변의 어촌이나 산마리노의 중턱 어디쯤 밭떼기를 갈아 먹는 농부들이었다. 시가지도 마찬가지였다. 그래서 더욱 마음이 편했다. 누구에게 눈길을 줄 필요도, 주지도 않아 보였다. 그대로 그렇게 꾸밈없이, 형식이나 눌림 없이 살아가고 있었다. 세계를 제패했던 로마제국 후예들의 넉넉함이라고 할까, 여유라고 할까?

시내의 한적한 곳이나 산마리노와 좀 더 가까운 곳에 자리한 나의 숙소 주변에서는 산마리노의 망루 두 개가 저 멀리 손에 잡힐 듯했다. 하늘이 파란 날에는 더욱 그렇다. 여전히 위용이 장대하다. 비록 야트막한 산 위의 작은 망루 속에 있었지만, 그들 속에는 로마 제국의 피가 흐르고 있어 보였다. 아니 자신들이 그 피를 이어야 한다는 사명감에 불타고 있었다. 역사의 한 페이지로 마감되어 버렸지만, 로마의 적통을 되찾고 싶은 욕망일 수 있다. 그것을 자청하고 소명으로 살아가고 있는 이들이 산마리노 사람들이다.

2천 년의 장엄한 유적과 문화유산을 하나의 야시장 터로 활용하고 있는 리미니 사람들은 또 누구일까? 소리 없이, 구태여 그들이 로마인의 후손이라는 말 한마디나 구호나 깃발이나 성채도 없이 몇 뙈기의 밭을 갈아먹는 농부로, 시장에 비린내 나는 물고기 몇 마리 팔아 생계를 이어가는 어부로 살아가지만 오히려 이들 속에 로마인의 피가 흐르는 것은 아닐까?

닮았지만 다른 두 개의 얼굴, 산과 바다, 어제와 오늘을 지켜내고 살아가고 있는 산마리노 사람들과 리미니 사람들. 그들의 검은 얼굴과 손바닥에 리미니의 해안 아드리아해에서 내가 건져 올렸던 작은 돌멩이에 박힌 지문이 그대로 새겨져 있다.

산마리노 성채

리미니 아우구스투스 개선문 | 티베리우스 다리
리미니 시장

시간을 이끌어가는
에트루리아인의 후예, 아레초

피렌체를 서둘러 스쳐 지나온 괴테는 아레초(Arezzo)로 내달렸다. 교황청의 장교 한 사람과 같이 머물렀는데 그 장교는 "편하게 군대 생활을 하고 있지만, 하루라도 빨리 군복을 벗어버리고 아버지 영지나 관리 할 수 있다면 좋겠다"는 푸념을 했다. 활달한 성격의 전형적인 이탈리아 사람이었다. 그런 그가 자주 사색에 빠지는 괴테에게 "무슨 생각을 그리 많이 하세요? 인간은 단 한 가지 일에만 붙잡혀 있어선 안돼요. 그랬다간 미쳐버릴 겁니다. 머릿속을 휘감는 생각이 천 개는 되어야지요" 하면서 조언을 하기도 했다.

아직 젊은 그는 중년에 가까운 괴테의 생각을 이해하지 못했을 것이다. 더군다나 사랑의 열병에 빠져도 보고, 질풍노도의 시간을 보냈던 괴테, 바이마르 공화국의 국무를 10년간 담당했던 전력과 남모르게 도망치듯 빠져나온 심정을 당연히 이해할 수 없었을 것이다.

비록 현실을 떨쳐 버리기 위해 여행을 하고 있지만, 오히려 혼자일때 더 많은 생각이 떠오르는 법, 막상 여행을 떠나오니, 떠나온 현실은 더 가까이에서 어슬렁거리게 되었다.

이런 전조를 베르테르의 입을 빌려 빌헬름에게 하소연했던 괴테다. "때론 자리를 박차고 일어나 모든 번뇌를 훌훌 털어 내버릴 용기가 생기기도 하네. 그리고 그 순간 내가 가야 할 곳을 알면 주저하지 않고 그곳으로 가려네" 어디 번뇌를 털어 버릴 장수 있으면 나와 보라지. 그것이 사랑이든 무엇이든. 그것을 못 이겨 베르테르는 스스로 죽음을 선택했듯이.

베르테르에게 빌헬름이라는 절친한 친구가 있었듯이 괴테에게도 그의 편지를 받아 줄 친구가 있었던 것은, 괴테의 이탈리아 여행이 더욱 간절하도록, 간절함을 넘어 현실이 되도록 만들어 주었다. 속마음과 죽음까지도 말 할 수 있는 친구가 있다면 죽는 것조차 무엇이 두렵겠는가? 베르테르는 죽음까지도 빌헬름에게 맡겼다. 괴테의 이탈리아 여행에 유일한 응원군도 친구들이었다.

아펜니노산맥은 아레초에 이르러 좌우로 갈라지는데, 갈라진 틈바구니에 아레초가 분지 형태로 앉아 있다. 이것을 뚜렷하게 볼 수 있는 지점이 아레초의 중심부를 지키고 있는 메디치가의 성이다. 성에서 북쪽으로 바라보면 약간 낮아진 산맥이 두 갈래로 나뉘는데 그 아랫부분에 가서 다시 합쳐지는 지형을 만들어 내고 있다. 아레초는 완전히 타원형의 분지에 자리하고 있어 따뜻하고 포근한 느낌이다.

세 시간 넘게 이동한 탓에 오후 3시 정도에 점심을 챙겼다. 내가 간 곳은 주인장 단테와 그의 아내 안나가 운영하는 작은 식당이었다. 키가 훤칠하고 사람 좋게 생긴 단테는 10유로짜리 식사를 권했다. 생수와 와인이 제공됐고, 메인으로는 직접 만든 파스타 그리고 후식으로는 케이크 한 조각과 에스프레소가 나왔다. 다른 곳에서는 10유로에 경험할 수 없는 식사였다.

그 맛을 못 잊어 이틀 연속해서 찾아갔다. 더욱 친근하게 악수까지 청하면서 어제와는 다르게 마늘이 들어간 소스까지 추가해 주었다. 서로 말이 잘 통하지는 않지만, 굳이 말이 필요 없었다. 그런 내게 안나가 오더니 테이블에 깔린 종이에 "dolce?", "deser?"라고 썼다. 맛있었느냐? 디저트를 가져와도 되느냐? 라는 말이다.

드디어 토스카나다. 토스카나(Toscana)라는 지명은 그리스인들이 에트루리아인들을 티레니안(Tyrrhenians)이라고 불렀는데 이들이 주로 활동했던 이탈리아 서부 해안도 이후에는 티레니

아해(Thrrhenian sea)로 불리게 됐다. 이를 따라 로마인들도 에
트루리아인을 '투스키'라 불렀고 결국 토스카나는 에트루리아인
들의 땅이라는 뜻이다.

듣던 대로 토스카나다. 태양부터 다르고 하늘도 달랐다. 어제,
오늘 연거푸 멋진 태양 아래 파란 하늘이 내리는 선물 세례를
충만하게 받았다. 토스카나 지방은 이탈리아 중북부 지역 피렌
체를 중심으로 자연과 문화를 배경으로 하는 이탈리아의 대표
적인 고장이다. 이곳은 기원전 8세기부터 로마에 정복당한 후
기원전 3세기까지 에트루리아인들의 본거지였다.

에트루리아인들은 독자적인 언어와 문화, 종교와 정치체제를 가
진 민족이었다. 이들의 문명은 매우 선진적이어서 로마에 미친
영향도 적지 않았다. 에트루리아의 기원에 대해서는 소아시아에
서 기원전 10세기 무렵에 이탈리아반도로 들어왔다는 것이 설
득력 있게 받아들여지고 있다.

아레초시에서 발행한 《토스카나의 아레초》라는 작은 책자에는
'우리의 선조 에트루리아인'이라는 제하에 도시에 남겨진 에트
루리아인들의 유적이나 문화에 대하여 간략히 설명해 놓았다.

"믿기 어려울 정도로 많은 인구가 에트루리아에 살았던 시기는 서기전 9세기에서 3세기까지며 그런 역사를 전시해 놓은 곳은 아레초 시내 로마의 원형경기장 옆 고대 박물관이다. 이런 많은 유적을 분석해 볼 때 에트루리아인들은 금속 분야와 도자기 분야에 비범한 기술을 가졌다."

"특히 1553년에는 시의 성곽을 개축하는 과정에서 키메라가 발굴되었는데 동으로 만들어진 이 키메라는 에트루리아인들의 금속가공 기술이 최고였다는 것을 증명한다. 이들 외에 아레초에서 22km 정도 떨어진 코르토나(Cortona)와 카스티그리온 피오렌티노(Castiglion Fiorentino), 피아자 산 프란시스코(Piazza San Francesco), 산 코르넬리오 카스텔세코(San Cornelio-Castelsecco) 등지에 유적지가 산재해 있다"라고.

아레초의 중심부에 자리한 메디치가의 성 남쪽에는 시의 다운타운이 있고, 그 다운타운의 맨 위쪽에는 중앙광장(Pizza Grande)과 산타마리아 델라 피에프 성당(Santa Maria della Pieve)이 있다. 성당의 보물은 다름 아닌 천체 시계다. 5유로의 비교적 적은 입장료를 내고 들어간 시간은 오전 11시 45분, 15분만 기다리면 12시 정각에 시계가 타종하는 모습을 볼 수 있다고 안내 센터 직원으로부터 정보를 받아 곧장 3층을 지나 타워로 올랐다.

3층에는 좁은 방 안에 어른 키 높이 정도의 육중한 시계가 '척척 척' 톱니바퀴 소리를 내며 시간을 끌어가고 있었다. 2층부터 톱니바퀴 돌아가는 소리를 들을 수 있었는데, 여기서는 시간이 스스로 가는 것이 아니라 누군가에 의해 끌려가는 느낌을 받았다.

이 광경을 보기 위해 영국에서 왔다는 3대 가족 5명과 같이 '끌려가는 시간'을 숨을 죽인 채 지켜봤다. 정각 12시가 되자 육중한 시계의 톱니바퀴에서 해머 같은 것이 작동되어 힘이 가해지더니 순간 쇠로 만들어진 체인 돌아가는 소리가 나고, 온갖 기계가 일순간에 작동되어 타워에 있는 거대한 종에게 시간이 전달되자 드디어 종이 울렸다. 시내에 있는 모든 교회의 종들도 따라서 합창을 하기 시작하고, 순식간에 온 시내가 종소리로 가득 찼다.

그들이 말하는 천체 시계는 유럽에서도 희귀한 것일 뿐 아니라 이탈리아에서는 유일한 것으로 1552년에 펠리스 디 살바토레

(Felice di Salvatore)라는 시계 장인에 의해 만들어졌는데 465년 이나 지났지만 아직도 해와 달, 낮과 밤, 그리고 4계절과 무수한 세월을 어김없이 이끌어 가고 있다.

교회 타워에서는 시가지가 훤하게 보였다. 야트막한 건물들, 하늘은 푸르기만 하고 아펜니노 산맥에 둘러싸인 도시는 붉은 비행접시가 내려앉은 것처럼 장중했다. 바로 아래에 보이는 중앙 광장(Pizza Grande)은 이 도시의 정치, 경제, 문화 그리고 예술의 중심지다.
매월 첫째 토 · 일요일에는 세계 최대의 골동품 시장이 열리는데 7백여 상인들이 광장과 골목길을 채운다. 또한 9월에는 승전을 기념하는 창던지기와 같은 제전도 열린다.

별처럼 나타나 혜성처럼 사라져 버린 에트루리아인들, 로마보다 훨씬 오랜 역사와 선진 문물을 보유했던 그들, 한때 로마까지 지배했다는 그들은 불과 5백 년 정도의 세월에 영원히 종적을 감추고 말았다. 이제 그들을 보려면 발굴된 유물이 전시된 박물관이나 바람에 휩쓸려 나간 언덕 언저리로 가야 한다.

어느 나라나 흥망성쇠는 당연한 자연의 이치이나 예술과 문화를 지배했던 그들이 통치 체제나 정치체제에 대한 논쟁이나 국가적 합의를 이루어 내지 못함으로써 후발 주자 로마에게 그들의 고유 언어를 포함한 흔적까지 빼앗겨 버렸다. 물론 그들의 찬란했던 문명은 로마에 그대로 전달됐겠지만 그에 비해 로마는 문화와 예술보다는 정치와 통치 방식에 먼저 눈을 뜬 민족이었다.

오늘날 이들 에트루리아 후손들인 아레초 사람들은 '우리의 선조 에트루리아인'이라는 대단한 자부심을 가지고 있다. 그들의 조상 에트루리아인들의 정신이 로마를 잉태하게 했고, 그 정신이 오늘날까지 이어져 오고 있다고 믿는다.

시간을 이끌어 가고 시간의 중심이 되었던 그들의 선조가 만들어 냈던 찬란한 문화를 기억하면서, 시간마다 울리는 천문시계 소리에 그들의 시간과 삶을 조율하고 있었다.

살바토레가 만든 천체시계

메디치가 성채 유물전시실 | 아레초의 상징 키메라 상

시간도 멈춰선 중세도시,
시에나와 산지미냐노

베르테르 열병(Werther-Fieber) 때문이었을까? 여행을 떠나오기 12년 전에 발간된 소설《젊은 베르테르의 슬픔》은 전 유럽에 흑사병과도 같은 질병을 퍼뜨려 놓았다. 자살이라는 것, 그것도 전염병처럼, 유행병처럼, 들불처럼 번져 나간 회오리, 괴테인들 상상이나 했겠는가? 열병은 고통을 나았다. 소설을 출판한 다음 해 제2판에 모토로 붙인 시는 이렇게 쓰였다.

어느 젊은이든 동경하지, 그렇게 사랑하기를 / 어느 아가씨든, 그렇게 사랑받기를 / 아, 우리가 느끼는 충동 중 가장 신성한 것 / 왜 거기서 무서운 고통이 솟구치는 걸까?

열병을 앓아 보지 않은 자가 세상을 논할 수 있을까? 이상과 현실 사이에 혼절해 보지 못한 자 내일을 말할 수 있을까? 현실이 되어 버린 이상을 붙잡고, 현실의 허망함과 무가치함에 몸서리 친 베르테르가 선택한 것은 '영원한 이상'이었으니 결국은 이상도, 현실도 하나의 과정에 불과하다.

아레초와 시에나는 이탈리아 교통 체계에 있어서 주변 지역에 있다. 버스는 토스카나 지방의 구릉지를 넘고 또 넘었다. 아침 안개가 능선마다 지키고 있었지만, 구릉지를 내려오면 다시 맑은 하늘이 기다리고 있었다.

저 멀리 언덕에 시에나가 보이기 시작했다. 시에나 대성당과 시청 그리고 만지아탑(Torre del Mangia)이 한눈에 들어왔다. 토요일의 캄포 광장은 사람들로 만원이었다. 약 15도 가량 바닥이 경사가 진 캄포 광장은 그것만으로 도시의 명물이 되고 남을 것 같았다. 사람들은 언제나 그랬던 것처럼 아예 바닥에 드러누워 일광욕하는 등 망중한을 즐겼다.

10유로를 주고 등산을 하는 것처럼 올랐던 만지아탑에서 눈에 들어온 광활한 대지, 토스카나의 공기와 태양 빛이 한껏 쏟아져 내려왔다. 서쪽으로 지는 태양에 따라 캄포 광장의 해 그림자는 점점 동쪽으로 움직이고, 사람들도 해를 따라 동쪽으로 이동하기를 거듭했다.

유네스코 세계문화유산으로 등재된 시에나 역사 지구인 구시가지는 세월의 무게만큼 도시도 무겁게 느껴졌다. 이 도시는 12세기경 이미 현재와 같은 모습으로 갖춰진 이래 지금까지 중세 시대의 도시 형태가 온전하게 보전되어 오고 있는 유럽에서도 보기 드문 도시 가운데 하나다. 일종의 계획도시로서 캄포 광장은 도시의 3개의 주요 도로가 만나는 중심지에 조성되어 있어, 중세 때에는 광장을 중심으로 금융과 상업 활동이 집중되었다.

광장을 벗어나 아래쪽으로 나 있는 골목길에는 세월의 무게가 한껏 묻어나 있다. 집마다 둥근 쇠고리가 대문 옆 벽면에 박혀 있다. 중세 때 말을 매었던 곳이다. 일종의 차고인 셈이다. 이런 집들을 옆에 두고 하늘을 올려다보면 창밖에 빨래가 줄에 매달려 있는 집이 많다. 햇빛이 좋아 날을 택해서 빨래했을 수도 있지만, 집이 좁거나 예전부터 해 왔던 방식일 수 있다.

종(縱)으로 길을 따라 내려가면 어김없이 횡(橫)으로 난 길을 만나게 되었다. 베네치아에서도 그랬던 것처럼 막다른 골목길을 만나는 것은 거의 불가능할 정도다. 어디로든지 도로는 사방팔방으로 연결되어 있었다. 거미줄처럼 얽히고설킨 골목길에서 얼마나 많은 얘기가 오고 갔을까? 도시의 바닥 지점까지 내려가서 하늘을 올려다보니 성 도메니코 성당이 육중하게 도시를 누르고 있었다. 그 발부리 지점에 도시의 숨겨진 보물이 있었다.

대부분의 사람은 광장에만 누웠다가 하늘만 바라보고 가겠지만 정작 이곳에 보물이 있는 것을 아는 사람은 드물다. 시에나

시에서 발행한 홍보물에도 그런 것을 찾아보기 힘들다. 오로
지 발품을 파는 사람에게만 주어진 선물이었다. 폰테르브란다
(Fonterbranda)라는 이름을 가진 지하수를 두고 하는 말이다.
약 100평이 넘는 물통에는 물이 넘쳐흘렀고 수조 안에는 금붕
어가 놀고 있었다. 우물은 고대부터 사용되어 왔다는데 도시의
생활용수뿐 아니라 경제활동 특히 면직 산업에도 영향을 미쳤
다.

우물은 서기 1193년에 체계적으로 조성되어 올해로 824년째를
맞이했다. 지난 세기 그러니까 대체 수로를 마련하기 전까지만
하더라도 이 수로를 통하여 도시에 물을 공급하였다. 물은 3단
계로 공급이 되었다고 하는데 1단계는 마시는 물로, 2단계는 동
물과 가축의 먹이로, 마지막 단계에서는 허드렛물로 사용되어
물의 체계적 활용에도 깊은 고민을 하였다.

내가 이 우물에 감탄하고 있을 때 마침 예순이 넘은 듯한 양반
이 오더니 줄자로 수로와 집수정을 재기도 하고 스케치도 하고
열심히 메모하였다. 이 분야에 전문가이거나 관심이 많은 사람
임에 틀림이 없어 보였다. 우리는 우물에 대하여 얼마 동안 의견
을 나누었다.

골목길을 타고 올라와 해가 질 무렵 성 도메니코 성당 언저리에서 만지아탑과 시에나 대성당 두오모 쪽을 바라보았다. 마치 화석이 겹겹이 쌓인 도시처럼 군은살로 두꺼워진 도시가 내 앞에 있었다. 여기에 서쪽에서 내리는 빛이 이 건물들에 집중적으로 비쳐 말로 표현하기 힘든 묘한 빛이 반사되어 나왔다.

다음 날 아침 일찍 산지미냐노행 버스를 탔다. 이날은 일요일이라 운행되는 버스가 대폭 축소되어 논스톱으로 가는 버스는 없고 포지본시(Poggibonsi)라는 동네에서 완행버스로 다시 갈아타야만 했다. 승용차로 가면 불과 50분 거리인데, 버스를 기다리고 갈아타고 하는 시간까지 합하니 거의 3시간가량이 소요되었다. 화장실 문도 닫혔고 돌아올 때 이용했던 포지본시-산지미냐노 기차역은 아예 무인역이 되어 버렸다. 우리는 관광객이 많이 올 때 인력을 집중적으로 배치하는데 이들은 관광객보다는 시민의 휴식이 먼저인 듯하다.

산지미냐노와 시에나는 도시의 운명이 닮은 점이 많다. 산지미냐노는 1119년에 자치도시가 된 이래 13세기까지 국제 상거래가 활발하였는데, 특히 무게당 가격이 금과 비슷하게 거래되는 샤프란이라는 고급 향신료 산업과 금융 거래에 힘입어 급속한 성장을 지속하였다. 이로 인하여 고층 타워가 우후죽순처럼 들어서는 등 마천루를 이루게 되었다. 아직도 수십 개의 탑이 그대로 남아 있어 마치 뉴욕의 어느 골목에 온 듯한 착각이 들 정도였다.

하지만 이런 급속한 발전은 곧 사그라지는 법, 도시의 황금시대는 오래가지 않았다. 1315년 유럽을 급습했던 흑사병과 이로 인한 기근, 도시 내부의 갈등과 분파로 인해 결국은 주변화로 치닫고 쇠퇴를 거듭해 피렌체에 자신을 양도하고 방어를 요구하게 되면서 종말을 맞이하게 되었다.

피렌체에게 주권을 뺏긴 두 도시는 그 후 재도약을 하지 못했다. 한 번 경쟁에서 탈락할 경우 재기가 어려운 것은 인간사회나 도시의 운명이나 비슷하다. 중세 이후 도시 발전의 주도권을 이웃 나라들에 내어 준 이래 자발적, 자족적 발전을 꾀하지 못했다. 지금도 이 도시들은 활력 있는 도시는 아니었다. 스스로 경제 규모를 키우고 부를 창출하는 도시가 아닌 관광객을 통한 의존적 경제활동에 기대고 있는 현실이다.

하지만 하나의 결과나 결정이 완벽하게 좋은 결과를 가져오거나 완벽하게 잘못된 결과를 가져오지는 않았다. 다행일 수 있고 불행일 수도 있다. 도시의 쇠퇴와 주변화는 오히려 전쟁으로 인한 파괴에서 한 걸음 물러나게 되었고 도시의 형태와 중세의 건축물들을 온전히 보전할 수 있는 기초가 되었다.

이로 인하여 오늘날과 같은 중세도시 산지미냐노로 남게 되었을 뿐 아니라 시에나가 유네스코 세계 문화유산으로 등재되었다.

두 도시는 이탈리아 중북부를 대표하는 페렌체와 영원한 세계 수도 로마로 가는 길목에 놓여 있다. 그중에 중북부 유럽이나 북부 이탈리아에서 로마로 연결되는 순례길인 비아 프란치제나(via Francigena)도 시에나를 거치게 된다. 교통이 초현실적으로 발전된 오늘에는 덜하겠지만 중세 이후 두 개의 도시가 발전에서 다소 소외되었다 하더라도 피렌체와 로마를 오가는 많은 사람에게는 반드시 거쳐야만 하는 중간 기착지의 역할을 하게 되었다.

하루아침에 뒤바뀌는 요즘 시대에 두 도시의 역할은 무엇일까? 적어도 이번 세기 안에는 이들 도시가 재창조되어 주변 도시들을 이끌기는 어려울 수 있다. 그렇다면 그들이 가진 깊은 샘을 통하여 속도에 현기증과 갈증을 느낀 사람들에게 물 한 그릇 대

접하는 역할은 어떨까? 그들이 가진 중세적 환경과 도시 형태는
이 우물을 찾아오는 사람들에게 시원한 냉수 한 그릇의 역할은
충분할 테니까. 이것은 이상이기도 하고 현실이기도 하다.

시에나 캄포광장 | 저수조 폰테르브란다

시에나 역사지구 | 산지미냐노 거리
만지아탑에서 본 시에나

피렌체의 다윗과 페르세우스,
황무지에 꽃을 피워 낸 영웅들

피렌체는 거쳐 가지 않은 인물이 없을 만큼 수많은 사건과 화제를 남겼고, 결국에는 르네상스라는 거대한 문명의 꽃을 피워 냈다.

괴테는 피렌체를 스쳐 갔다. 르네상스적 인간이라 할 수 있는 그가 르네상스의 발상지를 돌아보지 않았다. 문학은 물론 건축, 미술, 지리와 토양, 심지어 색채까지 손대지 않은 것이 없을 만큼 다양한 분야에 해박했던 괴테인데 피렌체를 깊이 보지 않고 스쳐만 갔다는 것은 의문이었다.

괴테의 머리에는 오직 로마뿐이었을 수도 있다. 피렌체에 나는 4일간 머물렀다. 나는 피렌체를 누볐다. 혹시라도 괴테가 머물렀을 법한 장소에 쪼그려 앉아 그의 생각을 들었다.
이틀 연속 시뇨리아 광장으로 나갔다. 메두사의 머리를 벤 페르세우스 상 아래에 오랫동안 앉아 멍하니 사람들을 구경했다. 그 바로 맞은편에 있는 다윗 상을 뚫어지게 바라보기도 했다. 다윗의 몸매와 얼굴은 이상적으로 조각되어 있었다. 조각상에는 비대칭의 미감이 충만하게 흘러내렸다. 미켈란젤로의 천재성이 하나의 작품에 모조리 압축되어 있어 보였다. 객관적인 사실이 아닌 주관이나 직관으로 이 작품을 만들었을 것이 분명했다. 예술에 객관이 붙어 버리면 무엇이라 불릴까?

하체에서 상체로 올라갈수록 미감과 안정감은 뚜렷해지고 균형
은 더욱 절묘했다. 사람의 육체를 저토록 황홀하고 매력에 빠져
들도록 만들 수 있는 사람이라면 신이 내린 천재일 것이 분명하
다. 하지만 미켈란젤로가 예술적 표현에만 집중한 까닭인지 저
자세와 몸매로 골리앗을 제압 할 수 있을 것으로 보이지는 않았
다. 그의 표정을 뚫어지게 바라보았다. 물맷돌 하나로 골리앗을
제압했던 다윗이라면 분명 뭔가 그 얼굴에 나타나 있어야 할 것
이기 때문이었다.

쉽사리 표정을 읽을 수 없었다. 10분, 20분, 제법 오랜 시간이 흘
렀다. 응시한 나의 시선과 그의 시선이 불꽃이라도 튀길 듯이 부
딪쳤다. 간절히 사모하고 기다리면 이루어지듯이 나는 간절함
이 있었다. 부드러우면서도 진지한, 그 속에서 차갑게 빛나는 다
윗의 시선은 살아 있었다. 그 시선은 분명 골리앗을 향하고 있었
다.

팔과 다리와 같은 육체 간의 비대칭이 육체와 표정 간의 비대칭
으로도 표현되어 있었다. 다윗의 부드럽고 황홀한 몸매와는 달

리 그의 얼굴과 표정을 읽게 된 순간 나의 우려는 다소 풀어졌다. 미켈란젤로는 이런 것까지 숨겨 놓았을 수 있다.

점심을 거른 채 꼬박 두 시간 줄을 서서 기다린 후에야 아카데미아 미술관에 입장 할 수 있었다. 내가 본 모사품이 과연 실물에도 그렇게 표현이 되어 있는지 궁금했기 때문이다. 멀리서부터 광채가 밀려왔다. 하얀 대리석으로 조각된 다윗 상 자체만으로도 빛을 발할 수 있었지만, 돔형의 지붕으로부터 밝은 빛이 들어와 다윗 상에 비치고 이것이 미려한 몸매와 합쳐져 뿜어 나오는 광채가 온 미술관을 빛으로 덮어 놓았다.

과연 실물의 얼굴에도 골리앗을 바라보는 시선은 결연에 차 있었다. 오른손에 들고 있는 물맷돌, 그리고 왼쪽 어깨에 짊어진 물맷돌 주머니, 그의 차가운 시선은 왼쪽으로 45도 돌려져 있었다.

아카데미아 미술관에서 500m 정도의 거리에 있는 바르젤로 미술관에는 다른 다윗 상이 두 점이나 더 있다. 도나텔로의 다윗 상과 그의 제자 베로키오의 다윗 상이다. 과연 이들은 어떻게 표현해 놓았는지 궁금하지 않을 수 없었다. 다행히 바르젤로 미술관은 줄을 서지 않고 바로 입장 할 수 있었다.

이 작품들은 미켈란젤로에 다윗 상에 비해 훨씬 현실적이었다. 청동으로 제작되어 검은색 계통의 색상일 뿐 아니라 체구도 왜소하고 연약해 보였다. 심지어 도나텔로의 작품에 나타난 다윗의 몸매는 여자를 연상시킬 정도로 예쁘고 연약해 보였다. 나는 바로 곁에 서 있는 두 개의 다윗 상을 번갈아 보면서 미켈란젤로의 작품과 비교하는데 온 신경을 집중하였다.

미켈란젤로의 다윗 상과는 대조적으로 이들의 몸매는 왜소하지만 단호했고, 얼굴에는 만면의 미소를 머금고 있었다. 승리 후의 안도감, 승리에 대한 감사의 뜻으로 보였다. 하지만 사람들은 사실적인 것보다는 이상적인 것을 더 선호하는 것임이 틀림없다. 바르젤로 미술관에 입장하는 데에는 채 1분도 걸리지 않았으니 말이다.

나는 다시 메두사의 목을 자른 페르세우스 청동상으로 돌아왔다. 사람들이 바라만 봐도 돌로 변해 버린다는 메두사의 머리를 잘라 세상을 향해 자랑삼아 들어 보이는 페르세우스의 용맹이 살기 넘치게 드러나 있다.

시뇨리아 광장의 페르세우스 상

베로키오의 다윗 상

이를 조각한 사람은 폰테 베키오 다리에 흉상으로 서 있는 벤베누토 첼리니다. 저녁 무렵에 폰테 베키오 다리에 서서 그를 바라보았다. 그리고 페르세우스 청동상을 그려보았다.

시뇨리아 광장의 다윗 상과 페르세우스 상은 불과 30m 정도의 거리에서 마주 보고 서 있다. 성경 속의 다윗, 그리스 신화 속의 페르세우스, 이들에게 무슨 원한이라도 있을 리 만무하다. 오로지 메디치가와 반 메디치가의 대리자일 뿐인 이들, 사람들이 신과 성경 속의 인물들을 그들의 전선에 내세운 것이다.

꽃의 도시라고 불리는 피렌체. 인간의 정신을 일깨운 르네상스를 일으킨 도시. 로마가 정치적 수도였다면 피렌체는 문화와 예술의 수도가 되었다. 매년 수천만 명이 찾아와 감상하는 아름다운 한 송이 꽃이 되기까지는 1천 년이 넘는 시간이 흘러야만 했다.

정복과 정복의 피의 전쟁, 흑사병으로 인한 도시 멸망의 위기, 다윗과 페르세우스, 이룰 수 없는 사랑에 가슴 쓰려 했던 단테와 베아테리체, 평생 경쟁적 관계로 지내야만 했던 미켈란젤로와 다 빈치, 메디치가와 반 메디치가의 운명적 원수들, 이들이 함께 어울려 피워낸 꽃이다.

피렌체 여행 3일째, 나는 2천 년 전 피렌체가 탄생했던 피에솔레 언덕에 앉아 있다. 피에솔레까지는 시내에서 5km 거리였지만 500m 정도 높이의 언덕에 있는 탓에 걸어서 2시간 정도가 소요됐다. 오르막길을 오르면서 점차 드러나는 피렌체, 마치 황무지에서 피어나는 장미 한 송이처럼 그 붉은 꽃잎들이 펼쳐지기 시작했다. 저 멀리 아르노 강이 흐르고 건너편에 미켈란젤로 광장과 두오모도 내 손에 잡힐 듯했다.

피에솔레 언덕의 원형극장은 2천 년이 넘었지만, 어제 만든 것처럼 정갈하고 돌 하나하나 놓인 것까지 빈틈이 없었다. 그 아래 에트루리아 시대와 로마 시대의 유적이 서로 섞여 있는 신전에는 신은 어디로 가 버렸는지 흔적도 보이지 않은 채 잡초만 무성하고 그 옆 목욕장도 무너져 내려 형체를 알아보기 어려웠다.

지인에게 문자를 보내 2천 년 전의 원형극장에 있다고 하니, 이왕 그런 곳에 갔으니 노래 한 곡조 뽑으란다. 재미있는 일인 것 같기도 하여 괴테의 시에 슈베르트가 곡을 붙인 들장미를 불렀다. 진흙탕에서 피어난 들장미와 같은 꽃의 도시 피렌체가 내 발

아래 피어나 있으니.

2천 년의 세월을 품에 안은 원형극장에서 두 시간이 넘는 시간 동안 그들과 대화를 했다. 이들 영웅에게 다시 물어본다. 꽃은 어디에서 피어나는 것이냐고?

> 들장미
> 소년이 보았네 작은 장미 / 들에 핀 장미
> 갓 피어나 아침처럼 고왔네 /
> 얼른 달려갔네 가까이서 보려고 / 큰 기쁨으로 바라보았네 /
> 장미, 장미, 장미, 붉어라 / 들에 핀 장미
> ...
> 거친 소년이 꺾었네 / 그 들에 핀 장미
> 장미는 저항하며 찔렀네 / 비명도 신음도 소용없었네
> 참을 수밖에 없었네 / 장미, 장미, 장미, 붉어라
> 들에 핀 장미

아카데미아 미술관의 다윗 상 | 시뇨리아 광장
피에솔레 원형극장

아시시, 신발을 보면
어떤 길을 걸어왔는지 알 수 있다

괴테도 단지 한 사람의 여행자였다. 시간도 보내고 무료함도
달래기 위해 마부를 폴리뇨로 내려보내고는 혼자 걸어서 아시
시로 올라왔다. 기차역에서 아시시까지는 버스로 20분 정도 걸
리니 걸어서 온다면 두 시간도 더 소요되는 거리였다. 올라가는
길에서 내려다보이는 움브리아의 대평원을 감상하였다.

절대화된 가치를 만나면 부차적인 것들은 모두 상대화될 수 있
었다. 괴테는 절대적 가치를 지녔다고 확신하는 미네르바성당
마당에 앉아 그가 베네치아에서 샀던 비트루비우스의 《건축서》
를 또다시 꺼내 들고는 그의 말처럼 기도하듯이, 경배하듯이 읽
었다. 영성 가득한 도시의 나머지 성당들은 안중에도 없어 보였
다. 도시는 어떻게 건설해야 하며, 신전과 공공건물은 어떻게 세
워야 하는지를 그 속에서 배웠기 때문이다.

아예 그 앞에서 떠날 줄을 몰랐다. 도면과 실물을 번갈아 가며
온 종일 뚫어지게 바라보았다. 철저하게 지켜 낸 일관성, 영적
스승과 같은 팔라디오와 비트루비우스에 대해 솟아나는 신뢰감
과 감출 수 없는 기쁨으로 충만했다. 마치 하나님 말씀을 받은
선지자처럼, 다시 태어나기 시작했다고 할 만큼 영감을 얻었던
베네치아의 추억이 되살아나는 순간이었다.

안드레아가 '안드레아 팔라디오(Andrea Palladio, 1508~1580)'
로 될 수 있었던 것은 그의 스승 트리시노와의 만남에서 시작되
었다. 석공에 불과했던 안드레아를 그가 설계한 빌라건축 현장
에서 단번에 그의 재기와 수학적 자질을 간파했다. 그는 당장 안
드레아에게 비트루비우스의 《건축서》를 시작으로 고전뿐 아니
라 높은 수준의 교육을 했다.

트리시노는 안드레아를 파도바로 데려와 정규코스를 통한 수학
과 함께 네 차례나 로마여행을 감행했다. 그랜드투어였다. 당시
비첸차의 지배층인 귀족계급 사회에서는 그들이 결속하여 공공
의 이익을 위한 고귀한 의무를 다해야 한다는 공통된 인식이 있
었다. 그 중심에 트리시노가 있었고 그런 공통된 의식이 팔라디
오라는 인물을 탄생시킨 것이다. 결국 비트루비우스, 트리시노,
팔라디오로 연결되는 인맥이 형성되었으며 이는 괴테로 이어져
인맥을 넘은 무한한 인문의 광맥으로 연결되었다.

미네르바성당은 로마 시대에 신전으로 사용됐던 것을 성당으로
개조한 것이다. 성당 앞에는 작은 광장이 있고 성당과 광장 지하
는 옛 포로 로마노가 있었던 자리다. 밖에서 보면 영락없는 로마
신전이지만 실내로 들어가면 작지만 영성 가득한 성전이다. 로

마 시대 어디든 도시를 만들게 되면 어김없이 따르게 되는 광장 포로 로마노, 엊그제 방문했던 피렌체의 피에솔레도 마찬가지였다. 에트루리아 유적과 로마 유적이 뒤섞여 있었고 역시 포로 로마노와 공중목욕탕, 원형극장은 세월의 무게에 짓눌려 있었다.

"보라 극히 찬양할 만한 작품이 내 눈앞에 서 있다. 내가 본 최초의 완벽한 고대의 기념비가 여기 있노라! 이 작은 도시에 어울리게 소박하지만 온 세상을 비추도록 완벽하고도 아름답게 만들어진 건물을" 그의 머릿속에는 오로지 미네르바성당뿐이었다. 오히려 성 프란치스코 성당에 대해서는 음침하다는 표현을 쓸 정도로 깎아내리고는 멀리서만 바라보고 왔을 뿐이었다. 그래서 그랬는지 모르지만, 그는 4명의 경찰관에 의해 밀수꾼으로 의심받아 불심검문을 당했었다.

하지만 이제 더 변덕스러운 날씨와 군주의 기분에 결코 눈썹 찌푸릴 그가 아니었다. 오히려 4명 중 1명이 따로 찾아와 팁을 달라고 하자 너그럽게 은화 몇 닢을 건네주었다. 그가 '명랑한 사람을 사랑하며, 자기 자신을 화젯거리로 내놓을 수 없는 사람은 훌륭한 사람은 아니라고 말했던 것'을 이상이 아닌 현실에서 실천하고 있었다.

미네르바성당은 도시 중앙에 있다. 이미 로마 시대에 건설되었으니 신전과 광장이 도시의 중심을 이루고 있는 것은 당연했다. 아시시 시청도 바로 이곳에 있다. 여기서 15분가량 천천히 걸어가면 성 프란치스코 성당이다. 도시의 가로축은 포르타 누오바(Porta Nova)와 미네르바 성당(Santa Maria sopra Minerva), 성 프란치스코 성당(Basilica di San Francesco d'Assisi)으로 이어지고, 세로축은 시청과 미네르바 성당, 옛 성채 로카 마지오레(Rocca Maggiore)로 이어진다. 그러니까 횡으로는 종교적 기능이, 종으로는 정치와 군사적 기능이 안배되어 있다고 보면 될 것이다.

이탈리아의 많은 소도시와 마을들이 그렇듯 아시시도 언덕 위에 도시가 조성되어 있다. 우리처럼 산이 뾰족하지가 않고 언덕과 구릉지 형태로 도시를 건설하기에 안성맞춤인 지형적 장점이 있다. 외적 방어하기에도, 계획적인 도시의 조성에도 유리한 형태인 것이다. 지배자의 처지에서 보더라도 더할 나위 없는 지형이다. 한눈에 도시를 관찰 할 수 있으며, 자연재해 예방에도 평지보다는 훨씬 유리하다. 이런 조건을 갖추고 있는 도시 중에 하나가 아시시다.

도시에 서 있는 것만으로도 축복의 광명을 받은 것과 같다는 것을 느낀 것은 도착한 날 오후 짐을 풀자마자 달려나간 포르타 누오바, 포르타 모이아노 그리고 키아라 성당을 거쳐 성 프란체스코 성당으로 가는 중간 즈음의 골목길에서였다. 움브리아 대평원으로 쏟아져 내려오는 태양, 저 넓은 대지에서 올라오는 땅의 기운, 눈부시도록 빛을 발하는 올리브 나무 이파리, 성 프란체스코 성당에 도착하기 전에 이미 나는 이런 모든 것들에 취해 있었다.

아시시 기차역은 다른 역들과 달리 'ASSISI'가 타이포그래피로 색다르게 쓰인 역의 간판과 시골의 간이역 같은 정취가 사람을 감싸 안아주었다. 아시시의 C번 버스는 움브리아 들판의 곧은길을 지나 올리브 나무밭 사이로 굽이쳐 돌아 십여 분 만에 포르타 누오바 광장에 나를 내려 주었다.

천 년이 넘었지만 이제 막 지은 것 같은 성당들, 성당들은 옅은 분홍색과 하얀색이 결합한 대리석으로 지어져 마치 종이로 지은 집처럼 가벼워 보였다. 외벽은 그 흔한 성인들의 동상이나 조형물조차도 볼 수 없었다. 이런 성당들과 색상이 어우러진 아파트와 상가 건물들, 도시의 크기에 비해 비교적 넓은 도로와 도시

아래로 저 멀리 펼쳐진 움브리아 대평원, 아! 이보다 더 좋을 수가 없었다.

아시시를 아시시답게 만든 성 프란체스코 성당은 햇빛이 나면 눈이 부실 정도로 하얗다. 바실리카 디 산타 키아라 성당이나 미네르바 성당까지도 무게를 뺀 상태였으니, 이 도시에서 무게감이라고는 언덕 위에 우뚝 서 있는 고성(古城) 모카 마지오레 뿐이었다. 성에 올랐을 때는 높이로 인하여 제법 바람이 거셌으나 오히려 아시시의 영성이 섞여 불어오는 거룩한 바람으로 느껴졌다.

대상(大商) 피에트로 디 베르나르도의 아들 프란체스코, 기사가 되기 위한 페루자 군대와의 전투에 참여, 1년간의 포로 생활, 그 후 귀환과 투병 생활, 또다시 페루자 정복을 위한 브리엔 백작 발터 3세의 군대에 자원입대, 그 길에서의 환시 체험, 나환자의 친구로, 가난한 자의 형제로, 그리스도의 제자로서의 삶을 평생 몸으로 실천하였던 성자라고 간략히 그를 소개하면 욕이 되지 않을까?

스폴레토라는 작은 동네가 있다. 아시시에서 로마로 가는 길목의 도시인 테르니 사이에 있는 곳이다. 프란체스코는 기사 작위

를 위해 자원입대하는 길의 스폴레토에서 하나님을 만나게 된
다. "프란체스코야, 너 지금 어디로 가고 있느냐?" "기사가 되기
위해 전쟁터로 가고 있습니다." "주인을 섬기는 일과 종을 섬기
는 일 중 어느 것이 옳은 일이냐?" "주인을 섬기는 일이 옳은 일
입니다", "그러면 집으로 돌아가라"는 하나님의 음성을 듣고 주
저 없이 돌아왔다. 프란체스코에게 스폴레토는 하나님의 음성을
듣고 길을 되돌아오게 만든 회심의 장소였다.

성 프란체스코 성당 앞 잔디 광장에는 말을 타고 고향으로 돌아
오는 프란체스코의 동상이 있다. 고개를 들지 못하고 바닥으로
향하고 있는 얼굴, 주인을 따라 말(馬)조차도 고개를 들지 못하
고 있다. 동상을 보고 있으면 내 마음도 무거워진다. 패배자, 비
겁자, 겁쟁이로 낙인이 찍힐 운명에 처한 프란체스코의 심경을
단 하나의 장면으로 말하고 있다.

성 프란치스코 성당의 프레스코화를 감상한 후 후문으로 본당
을 빠져나와 회랑으로 들어갔다. 이 땅에 살다가 떠난 이들 중에
아름다운 발자국을 남긴 사람들의 신발을 전시하고 있었다. 사
막 여행자, 북극 개척자, 암벽 등반가, 선교자, 여행자, 맨발로 세
계를 일주한 자, 산티아고 순례 길을 여덟 번이나 완주한 자, 특

별하지 않았지만 특별한 이름을 남긴 사람들의 오래된 신발들
은 여행자인 나에게 거룩한 메시지를 던져 주려는 듯했다. 나는
방명록에 '신발을 보면 그가 어떤 길을 걸어왔는지 알 수 있다'
라는 말을 남겼다.

전시된 신발은 가지가지였다. 나무로 만든 나막신, 극지 탐험가
의 털신, 가죽끈으로 엮어 만든 순례자의 샌들, 산악용 등산화,
심지어 신발을 신지 않고 세계를 일주했던 이의 발자국까지 동
판에 새겨 전시 되어 있었다. 문득 내가 신고 있는 신발이 눈에
들어왔다. 내 신발은 무엇으로 기억되고 기록될까?

약 8백 년 전에 거룩한 발자국을 남긴 사람들의 도시 아시시. 성
프란체스코와 성녀 클라라, 그 이후 인종과 국가와 시대와 삶을
초월하여 수많은 이들이 성자와 성녀의 발자국을 따르고 있다.
비록 프란체스코가 고개를 들지 못하고 귀향하는 발걸음이었을
지라도 그 발자국은 부나 권력이나 명예를 얻기 위한 발자국이
아니라 자신을 버리고 가난한 자를 구원하기 위한 부름에 응답
하는 발자국이었음을 후대들은 기억하고 있었다.
해 질 무렵, 프란체스코가 회심한 후 기도에 전념했던 성 다미아
노 성당으로 내려갔다. 나 또한 프란체스코의 발자국을 밟아 보

고 싶었기 때문이었다. "거기 너 있었는가 그 때에" 찬송가가 내 입에서 계속 우물거렸다. 나의 무모한 여정이, 나의 욕심을 채우기 위한 여정이 아니기를.

이방의 신전도 아시시에 맡겨지면 성전이 되고, 상처 입은 자는 치유되며, 길 잃은 자는 바른길 가게 인도하는 영성이 가득한 가난한 자의 도시, 아시시에서의 세 번째 밤이 깊어 갔다.

미네르바 성당 야경

성 프란치스코 성당과 동상

미네르바 성당과 시청 광장

내적인 존재 이유
스폴레토, 테르니

절대화된 가치관에 사로잡히면 죽음조차 두렵지 않다. 순교를 각오한 초대 기독교의 사도들이 그랬다. 괴테 또한 익시온(Ixion)의 불수레에 묶여 로마로 끌려간다고 해도 투덜대지 않겠노라고 말할 정도였다. 바울 사도가 그런 사람이었다. 죄수의 몸으로 잡혀가는 마당에도 두렵기는커녕 영적으로 충만했었다.

익시온(Ixion) : 그리스 신화에 나오는 테살리아 왕으로 인류 최초의 친족 살해자다. 데이오네우스의 딸 디아와 결혼한 뒤 구혼 당시 약속한 결혼 선물을 주지 않으려고 장인 데이오네우스를 살해하였다.

어쩌면 괴테는 순교를 각오한 선교자와 같았다. 하인도 없이 이탈리아로 들어오는 것이 얼마나 대담한 일인지, 여행에서 겪는 어려움으로 무척이나 고되고 힘든 여정이었다. 하지만 이탈리아를 꼭 한 번 보겠다는 그의 소망과 각오는 불같이 뜨거웠다. 그러니 장인을 살해했던 전설의 익시온조차 두려워하지 않았다.

로마로 가는 여정 속에서 괴테에게 하나의 신념을 넘어 절대적 존재가 된 것은 팔라디오와 팔라디오의 스승과도 같은 고대 건축가 비트루비우스다. 건축에 관한 한 두 사람은 괴테의 시각을 교정해 주고 세계관을 형성해 주었다. 이의 교본과도 같은 건축물은 아시시의 마리아 델라 미네르바(Maria della Minerva) 교회였다.

나는 사흘간 도시에 머물면서 매일 밤낮 미네르바 교회를 보기 위해 나갔었다. 조명이 없는 대낮에는 절제된 민낯의 건축물을 보았으며, 조명이 들어오는 저녁과 밤에는 신비로운 자태에 눈을 뗄 수 없었다. 괴테도 그랬다. 예술가가 얼마나 철저히 일관성을 유지했던지 건물의 정면을 아무리 보아도 물리지 않았다.

미네르바 교회가 처음 세워졌을 때 건물 앞은 광장이었고, 광장 앞에는 건물이 없었다. 그러니 지금의 아시시역이 있는 자리에서도 또렷이 볼 수 있었을 것이나 지금은 다른 건축물들에 가려져 보이지 않는다. 고대인들은 하나의 건축물의 기능도 고려했겠지만 위치도 기능 못지않게 중요시했다. 괴테는 이런 것들을 팔라디오와 비트루비우스에게서 배웠다. 도시는 어떻게 건설돼야 하며 신전과 공공건물은 어떻게 세워야 하는지를. 이것이 이탈리아를 그랜드투어로 삼은 이유이기도 했다.

17세기에 본격적으로 그랜드투어가 영국에서 대두되기 시작한 것은 여러 가지 이유가 있었겠지만, 그중에 중요한 것 하나가 공교육에 대한 불만이었다. 옥스퍼드나 케임브리지 등 주요 대학의 위상은 끝없이 추락했다. 1733년 케임브리지의 그라이스츠 칼리지는 신입생이 겨우 세 명이었다 한다.

진부한 커리큘럼 때문이었는데 사회는 급변하고 있었는데 대학은 실생활과 전혀 관계없는 라틴어 고전을 외우게만 했다. 이것이 공교육과 사교육의 논쟁을 촉발했다. 이 논쟁은 사교육 선호로 기울어졌지만, 학생들을 집 안에서만 교육하기에는 당시 영국 사회가 맞이한 변화를 수용하기 힘들어, 제3의 대안으로 떠오른 것이 해외여행을 통한 아카데미식 수학이었다. 그 여행의 대상지가 르네상스와 휴머니즘의 본고장이자 고대 그리스와 로마의 유산이 살아 있는 로마가 되는 것은 주지의 사실이었다.

1763년만 하더라도 영국에서 대륙으로 건너간 숫자가 4만 명이 넘었다고 하니 그 열기를 짐작 할 수 있다. 하지만 그랜드투어의 경비를 부담하기는 만만찮았다. 보통 사람들은 엄두도 내지 못할 처지인 것은 당연했다. 괴테조차 하인도 없이 이탈리아로 갔다.

오늘날 이런 것들은 무모하지도, 위험하지도 않은 일상이 되어버렸다. 나는 열차를 타고 스폴레토(Spoleto)로 달리고 있다. 스

폴레토로 가는 기차에서 만난 승무원은 50대 전후로 보이는 남
자였는데, 승무원 제복을 입지 않았다면 카페를 운영하거나 영
화의 엑스트라 정도는 충분히 하고 남을 인물처럼 보였다.
이탈리아 사람들은 참으로 탁월한 패션 감각을 지녔다. 아무렇
게나 입어도 어울리는 외모는 부러울 따름이다. 훌륭한 문화적
자산을 남겨 준 것뿐만 아니라 멋진 외모도 후손들에게 남겨 주
었다.

스폴레토는 작은 도시로 인구가 3만이나 될까? 하지만 작다고
예사로 볼 도시는 아니다. 인구가 도시 전체를 가늠하는 척도는
아니다. 역에 도착했을 때부터 그렇게 보였다. 역 광장에 우뚝
서 있는 조형물은 어떤 도시인지를 한눈에 가늠할 수 있게 했다.
스폴레토에 도착한 후 다른 것들은 모두 제쳐 두고 로마의 수도
교를 찾았다. 오래전에 프랑스 리옹 지방을 지나면서 로마시대
의 수도교를 본 적이 있다. 2천 년 전에 만들어 졌다고는 믿어지
지 않는 거석문화의 대표작이었다.

스폴레토의 수도교는 여러 개의 성당과 고성을 지난 후 산 너머
계곡에 놓여 있었다. 수도교 자체가 산과 산 그러니까 골짜기를
연결하여 물을 원활하게 공급하기 위함이었으니 높은 산 속에

있는 것은 당연했다. 높이가 80m, 길이가 230m다. 멀리서 보면 요즘 고속도로나 철도를 건설할 때 쓰는 공법처럼 거대한 교량 같이 보였다.

수도교가 내 손으로 만질 수 있는 곳에 우뚝 서 있었다. 가슴이 떨리고 감동이 되었다. 흔들림 없이, 상처도 없이 완벽한 모습, 당당하지만 산과 산을 연결한 계곡 위에 위험하고도 겸허하게 서 있었다. 수많은 희생자를 가져왔을 대역사(役事), 저 높은 벽을 사람들이 타고 올라가 벽돌 하나하나를 붙이고 쌓았을 것이다.

나의 여정 대부분이 역사(歷史)와의 대화로 이어지고 있지만 2천 년 전의 거대한 건축물이 내 앞에 있다는 것 외에는 할 말이 없었다. 아니 말이 나오지 않았다. 누가, 어떤 공법으로, 물은 어디에서 가져 왔는지 등과 같은 궁금증은 전혀 풀리지 않았다. 단지 내가 그 앞에 홀로 서 있다는 것, 현재 내가 그 증인이라는 것 외에는 알 수 있는 것이 없었다. 그것만으로도 충분했다.

괴테가 방문했을 때는 스폴레토 수도교를 통하여 물이 시내 곳곳에 공급되었다. 수도교 입구에는 이탈리아어와 독일어로 쓴 간판이 있는데 여기에는 1786년 10월 27일 괴테가 다녀간 역사적 기록이 적혀 있다. 괴테가 밟았던 땅을 내가 그대로 밟았다. 그가 보았던 기념비적인 거석문화를, 사람이 할 수 없었던 것처럼 여겨졌던 위대한 업적을 바라보면서 그가 느낀 감흥을 같은 심장의 박동으로 느꼈다. 그와 내가 같은 자리에 있다는 것은 시대를 달리하지만 내게는 하나의 의미로 다가왔다.

괴테는 수도교 앞에서 그동안 여정을 통해서 보았던 고대 로마의 세 가지 위대한 작품, 즉 베로나의 원형경기장과 아시시의 미네르바 성당, 이곳 스폴레토 수도교를 일컬어 제2의 자연이라 지칭했다. 그러면서 이처럼 내적인 존재 이유를 갖지 못한 것은 생명력이 없어 위대할 수가 없고, 위대해지지도 않을 것이라고 했다. 대조적으로 독일의 바이센슈타인에 있는 거대한 8각형의 성인 빈터가스텐(Winterkasten)을 예를 들면서 핵심이 없이 그냥 거대한 장난감뿐이라고 깎아내렸다.

마침 수도교 앞에서 한없는 영감에 젖어 있을 때 고향 땅의 지인으로부터 한 통의 전화를 받았다. 나는 상기된 목소리로 이렇게 말했다. "지금 괴테와 대화 중인데 한없는 영감에 빠져 있노라고. 제2의 자연 앞에서, 내가 하는 일들이 참다운 내적인 존재 이유를 가졌는지 스스로 자문자답하고 있노라고."

이렇게 온전하게 보존된 고대의 유물은 드물다. 후손들에 의해 복원이라는 명분으로 행해지는 행위들이 오히려 본 모습을 알지 못하게 만들어 버리기가 일쑤다. 괴테는 산 크로체피소(San Crocefisso)로 가는 길목에 있는 한 교회를 보고서는 어딘가에서 폐허로 발견된 기둥과 들보들을 가져와 한데 모아 지은 정신 나간 짓으로 규정해 버렸다.

그의 고전과 고대 유물에 대한 관점은 상상력과 감정을 억누르고 지질학적인 관점과 지형적인 시선을 가졌기에 가능했으니 비록 여행이 직관과 주관의 시선으로 바라보는 일일지언정 유물을 바라보는 것만큼은 그런 것들이 허용되지 않아야 할 것이다. 그 때문이었는지 그는 로마에 도착하면 타키투스의 역사책을 읽고 싶어 했다. 상상력과 감정이 아닌 현실과 같은 역사적 사실이 필요했기 때문이었다.

테르니(Terni)는 근대 시대에 들어와 철강 도시가 되어 이탈리아 산업의 근간을 형성한 도시다. 역 앞에는 수천 톤의 철로 만든 조형물이 위풍당당하게 서 있었다. 시내 중심지에도 철로 만든 오벨리스크가 회전 교차로에 자리하고 있는데, 테르니는 이 지방에서 생산되는 철로 무기를 만들었던 군수기지였다. 아이러니하게도 오벨리스크 옆에는 허물어져 내리고 있는 로마 시대의 원형극장이 바람에 흩날리고 있었다.

거석문화의 산물 중의 하나였던 오벨리스크는 로마 시대만 하더라도 이집트에서 12개 정도가 약탈당하여 옮겨졌다고 한다. 대부분 기원전 15세기 전후에 만들어졌던 거석문화의 상징들이다. 가장 큰 것은 높이가 32m, 밑바닥 4면의 길이가 2.7m이며 무게는 230t이다. 테르니는 돌로 지어진 원형극장 바로 옆에 철로 만든 오벨리스크를 만들어 둠으로써 거석문화와 철기문화를 동시에 정복했다는 사실과 당시 문화와 권력을 상징하는 거석과 철을 통하여 자신을 나타내려 했을 것이다.

오늘날 첨단 물질문명의 시대에 무쇠로 만든 오벨리스크나 로봇 태권브이 식의 조형물은 무엇을 담고 있을까? 이들이 2천 년 후 우리의 후손들에게 어떤 정신을 불어 넣어 줄 수 있을까? 그들은 무쇠로부터 어떤 감흥을 느낄까? 내가 수도교 앞에서 가슴이 떨렸던 것처럼 그들도 가슴을 움켜잡고 말을 잇지 못할까?

스폴레토의 수도교 위쪽 산 정상에는 아주 오래된 고성이 우뚝 솟아 있었는데 아침부터 전통 활쏘기 대회가 진행되고 있었다.

남녀노소, 스폴레토 시민뿐 아니라 인근 도시에서도 수백 명이 참가한 대회였다. 전통 복장을 갖추고 활도 중세 시대에 썼을 법한 오래된 모양이었다. 과녁은 매우 다양했다. 짚을 묶어서 만든 과녁, 토끼 모양의 인형, 허수아비 등 가지각색이었다.

그들 앞에서 괴테가 하는 말이 들려왔다. "그대여, 그대가 하는 일에 내적인 존재 이유가 있는지 스스로 물어보시게!"

스폴레토의 고대 로마 수도교 | 스폴레토의 고대 로마 아치
테르니의 오벨리스크

바람도 머무는 도시
오르비에또, 볼세나

《색채론》을 출간할 무렵 괴테는 인쇄하여 결점을 잡은 후 다시 출간하고 싶어 했다. 그의 《색채론》은 1790년에서 1810년 사이에 연구되었는 데 오랜 시간과 열정을 투입한 작품이었고, 그만큼 오랜 시간을 두고 작품을 수정하거나 관찰하고 싶어 했다.

하지만 괴테의 이탈리아 여행은 다시 이전으로 되돌릴 수 없었다. 코앞이 로마였기 때문이었다. 지나간 것은 지나가 버린 것이다. 테르니를 떠난 괴테는 로마가 눈앞이라는 생각에 쉽게 잠을 이룰 수 없었다. 옷을 입은 채로 잠자리에 들고 날이 밝으면 마차에 올라 마부를 재촉했다. 그 일념에 피렌체도 스치듯이 지나치고 온 그였다.

피타고라스는 제자들이 학교에 입학하면 5년간은 아무 말 하지 않고 침묵으로 경청하는 것을 허락했다. 최소 2년은 의무적으로 침묵 경청을 하도록 했다. 이것을 '피타고라스 방식의 침묵관찰'이라고 한다.
나는 정해진 3개월을 나름대로 자의든 타의든 피타고라스 방식을 따라가고 있다. 홀로 떠나는 장기 여행은 일종의 자발적 침묵의 관찰이기도 했다.

나에게 로마는 중요한 중간 기착지였다. 그리고 그 전에 숨 고르기를 위해 가야 할 곳이 하나 더 있었다. 멀리 떼어놓고 사물을 보면 더욱 객관적으로 볼 수 있는 곳이다.

로마에 입성하기 전에 내가 가야 할 곳은 오르비에또(Orvieto)다. 여행을 초고로 되돌리는 작업이기도 하고, 작은 침묵 관찰이기도 했다. 오르비에또는 고독한 성이다. 그 속에 사는 사람들은 고독을 자처했거나 고독의 원죄를 짊어지고 태어난 사람일 수 있다. 바위틈에 집을 짓고 살았으니 얼마나 고독했을까? 오르비에또역에 도착해서 하늘을 우러러봐야 보이는 곳이 오르비에또라는 도시다.

이탈리아의 많은 도시를 돌아보고 있지만 이처럼 바위 위에 도시를 만들고 사는 동네는 처음으로 만났다. 도시를 올라가려면 모노레일을 타야 했다. 물론 자동차 진입도 허락은 되지만 기본적으로 방문자들은 차량보다는 이사용 사다리차처럼 생긴 작은 열차에 짐처럼 실려야 했다.

도시 성곽에 서서 아래를 내려다보면 아찔한 느낌이 들었다. 깎아지른 듯 직각으로 서 있는 암벽 위에 도시가 위태롭게 자리하고 있다. 난공불락의 성이라면 바로 이런 성을 두고 하는 말이리라. 어떤 외적도 침입 불가, 정복 불가의 성이었다.

이곳은 9년 전에도 방문했었다. 서너 시간을 할애하여 시가지를 둘러봤던 기억이 가물가물했다. 그때는 성곽을 둘러 볼 겨를이 없었지만 이번에는 온 성을 둘러봤으니 성의 자태를 제대로 느낀 셈이다.

반 바퀴 정도 돈 후에 확신이 든 것은 이 도시가 슬로시티를 주창할 수밖에 없었으리라는 것이다.

도시의 크기로, 속도로 다른 도시들과 경쟁할 수 없었기 때문이었다. 우리나라 같으면 면적으로는 도시의 동(洞)정도, 농촌의 마을이나 리(里) 정도의 면적 밖에 안 된다. 이 같은 도시가 크기로 승부를 걸기에는 아무래도 부족하다. 속도는 더더욱 절망적이다. 길어야 2km 정도 밖에 안 되는 곳에서 무슨 속도 경쟁을 하겠는가?

그러니 느림을 이야기했다. '느림'으로 경쟁을 하려고 한 것은 아니지만 '느림'이라는 것을 주창해버렸다. '내가 앞장서서 느리게 살 터이니 당신들도 우리를 따라서 해 보시오'라고 말이다. 그 주창에 따라나선 도시가 세계적으로 300개가 넘는다. 속도나 크기를 경쟁 단위로 삼았다면 늘 꼴찌에 머무를 도시가 느림의 원조가 되었다.

가만히 생각하면 얼마나 지혜로운 사람들인지 모른다. 참아도, 참아도 이겨낼 수 없는 고독을 해결할 방안으로 높은 곳에 머무는 방식이 아니라 낮은 곳으로 찾아 들어가는 방식을 선택했다. 낮은 곳으로 내려가니 고독은 사라지고 자연스럽게 친구가 되기 위해 사람들이 찾아왔다. 이 원리를 오르비에또 사람들은 일찍 깨닫게 되었다.

그동안 빗장 속에 갇혀 살았던 시대를 반성했다. 빗장을 풀고 새처럼 날아오르는 것을 택했다. 아무리 강한 성이라도 무너져 내리지 않은 성이 없었다. 세상에 어떤 난공불락의 성도 결국에는 모두 무너져 내렸다. 그러니 타의에 의해 정복을 당하느니 차라리 빗장을 풀고 모두를 품었다.

주소를 들고 국제슬로시티본부를 찾았지만 주소지는 다름 아닌 오르비에또 시청이었다. 그렇다고 '여기가 시청입니다'하고 간판을 붙여 놓지도 않았다. 아주 작은 슬로시티 마크와 알아보지 못할 글귀만 몇 자 적어 놓았을 뿐이었다. 결국 물어서 도착한 국제슬로시티연맹의 직원은 5시도 안 되어 퇴근 해 버렸고, '국제슬로시티본부'라는 대문짝만한 간판이 있음 직한 자리에는 슬로시티 마크나 슬로시티의 '슬'자도 붙어 있지 않았다. 그래도 세계연맹을 이끄는 도시요 본부다.

까마귀 떼들의 날갯짓 조차 위험해 보일 정도 높이의 절벽 위에 살았던 이들이 생존 방법으로 찾아낸 것은 스스로 낮아지고 경쟁의 사슬을 끊어 버리고 함께 손잡는 것이었다.

오르비에또 성에서 아래를 내려다보면 키만 크고 야윈 사이프러스 나무가 줄지어 서서 농촌 마을로 이어져 있다. 왜 이 나무가 많은지 궁금했다. 불어오는 바람도 막아서지 않고 지나가도록 하기 위함일 수 있다. 바람이 가는 대로 두겠다는 뜻이다. 속도가 아닌, 크기가 아닌 다른 가치를 존중하겠다는 뜻으로 보인다.

오르비에또에서 언덕을 넘어 서쪽으로 마을버스를 타고 사십 분가량을 가면 볼세나(Bolsena)라는 작은 마을이 나온다. 오래된 성이 있고 여름에는 축제도 여는 동네다. 큰 호수를 끼고 있는 이 마을은 국제슬로시티본부가 있는 오르비에또보다 더 느리다. 느림이라는 말 자체가 필요 없는 것처럼 보였다.
적어도 50년은 됐을 법한 작은 트럭을 가진 한 아저씨는 그 좁은 골목길에서 자동차를 반대 방향으로 돌리고 있었는데 얼굴

에 미소가 가득했다. 골목길 중간에 있는 오래된 이발소의 주인
은 카메라를 향해 포즈까지 취해 주었다. 누구나 눈인사와 '본
쥬르노'를 입에 달고 살았다. 느리게 살겠노라는 말 자체를 하지
않았다. 아니 그 단어를 모르는 것 같았다.

나의 시집 《바람의 지문》에 '언어 체감의 법칙'이라는 시가 있
다.

> 평화를 말할 때 평화는 떠나 버렸다 / 자유를 노래하자 자유는
> 억류되었다 / 평등을 부르짖자 평등은 기울어져 버렸다 / 사랑
> 한다고 말함으로 사랑은 허울뿐이었다 / 보고 싶다는 말에 타
> 는 가슴은 식어 버렸다 / 추하고 지저분한 저 언어 덩어리들

말이라는 것은 그렇다. 말하지 않고 가슴에 품고 있어야 진정한
소망이 되고 바람이 된다. 어쩌면 느리게 살겠다고 말하지 않은
볼세나가 더 느림의 진수를 보여주고 참다운 느림의 삶을 살아
가고 있는 것은 아닌지. 우리는 그렇게 하고 싶은 말을 가슴에
품고 있는 것에 늘 서툴다.

볼세나까지 태워 간 마을버스에는 오르비에또에서 하교하는 학
생들로 가득했다. 운전기사는 아이들의 이름을 다 외고 있었을

뿐 아니라 가는 시간 내내 아이들과 장난기 섞인 대화를 이어갔다. 심지어 차표와 돈이든 가방을 학생에게 맡기기도 했다. 오르비에또로 돌아오기 위해 3시간 만에 탄 버스의 기사는 다름 아닌 나를 볼세나로 태워 갔던 기사였다. 그는 정해진 버스 승강장도 아닌 곳인데도 내가 원하는 곳에 내려 주었다.

무엇을 하겠노라고 선언한다는 것은 그렇게 하지 못하거나 안할 수도 있다는 의미가 내포되어 있을 수 있다. 볼세나는 바람을 지나가게 하는 동네가 아니라 바람도 쉬게 하는 동네로 느껴졌다. 해 질 녘에 오르비에또 성에 불이 하나 둘 밝아 왔다. 높은 곳에 머문 자들의 고독이 시작되는 시간임을 알리는 신호다. 굳이 고독하지 않다고 알리는 신호가 '나는 고독합니다'라는 말로 들렸다.

오르비에또 전경 | 1537년에 완공된 패트릭의 우물
볼세나 거리

그대가 장미라면
언젠가는 꽃을 피우게 되리,
로마

열망이 열병이 되는 상태라면 이런 것이다. 무엇인가 갈구하는 것이 있다면 결과는 굳이 말하지 않아도 좋다.

괴테는 로마행을 열망하다 병이 든 사람처럼 되었다. 그 상태가 지속하여 이탈리아 지방의 그림이나 지도, 라틴어책도 쳐다볼 수 없었다. 병이 지나쳐 누구에게도 로마행에 대해 얘기하지 못한 채 감행한 여행, 그는 친구들에게 편지를 쓰고 용서해 달라고 요청을 했다.

그랜드투어를 떠나기 전까지 그가 살아왔던 세월은 허상과 함께 허수아비가 바람에 휘날리듯이 중심 없이 바람 부는 대로 움직였던 삶이었다.

베네치아에서 의식의 자각을 다시 세운 괴테에게, 로마라는 곳은 의식 위에 로마의 영혼을 이식시킨 장소였다. 로마의 그림자라 할 수 있는 베네치아에서 팔라디오라는 '진정한 로마인'을 통하여 자신을 일깨웠다. 하지만 로마는 베네치아가 거울로 삼았던 원본이자 원음인 곳이다. 이곳에서는 '왜'와 '어떻게'라는 질문은 필요 없는, 그냥 있는 그대로 보고 들을 뿐이었다. 내가 마치 스폴레토의 수도교 앞에서 그랬듯이 질문이 필요 없었다. 그냥 그 앞에 있는 것만으로도 모든 것의 해답을 얻은 기쁨이었으니. 판테온이나 벨베테레의 아폴론 상, 베드로 대성당 그리고 콜로세움과 같은 것들은 모든 측량의 기준을 없애버릴 것들로 여겼다. 아무리 상상했더라도 로마는 그 상상을 넘어서 괴테 앞에 나타나곤 했다. 절망감이라고 할까, 황홀한 절망감이란 바로 이런 것이다. 상상 이상의 현실에 그 자신조차 왜소하게 보였다.

괴테의 열망만큼은 아니었지만, 나에게도 로마는 커다란 설렘이었다. 거대한 도시, 세계의 수도 로마를 마주해야 하기 때문이었다. 별과 같은 수많은 위인, 철옹성 같았던 역사, 이름도 말하기 어려운 많은 신, 그 속에 살아 숨 쉬었던 신화들, 이런 것들을 나혼자 보듬어 넘겨야 하는 부담이었다. 그래서인지 오르비에또에서의 마지막 날에는 잠도 쉽게 오지 않았다.

숙소는 MUNICIPO V이니 버스나 트램을 타더라도 중심부까지는 4,50분 걸리는 거리다. 컨디션 회복을 기다릴 여유도 없이 달려 나왔다. 콜로세움과 전차 경기장, 테베레강변을 밤이 깊도록 걷고 또 걸으면서 모든 감각을 동원하여 로마를 느꼈다. 둘째 날부터는 로마의 일곱 언덕을 중심으로 걸었다. 첼리오 언덕은 첼리오 관문이 없었다면 언덕이 있었던 자리라고 할 수 없을 정도로 낮고 작았다. 팔라티노 언덕은 로마라는 나라가 탄생한 곳이지만 이런 곳에서 나라가 시작되었나 싶을 정도로 평범했다. 포로 로마노와 비슷한 유적들이 있었기에 그나마 역사의 현장 정도로 비쳤을 뿐이다.

다른 나라들의 건국 신화보다 로마의 건국 신화는 늑대의 젖을 먹고 자란 로물루스와 레무스 형제의 이야기 정도일 뿐이다. 건국 신화의 장소도 겨우 10분 정도만 걸으면 끝에서 끝까지 갈 수 있는 작은 언덕이니, 로마의 명성에 비하면 초라하게 느껴졌다.

캄피돌리오 언덕은 시청사와 비교적 잘 조성된 광장과 건물로 인하여 언덕이라기보다는 하나의 타운처럼 형성되어 있었다. 미켈란젤로가 설계했다는 광장과 광장 중심에는 마르쿠스 아우렐리우스의 기마상이 있어서 장중함과 웅장함을 더해 주었다. 퀴리날레 언덕에도 퀴리날레 궁전과 현대적 광장이 조성되어 있어서 산뜻했지만, 신비감은 없었다.

가보지는 않았지만 테베레강 변에 있는 아펜니노 언덕이나 테르미니역 쪽에 있는 비미날레 언덕, 콜로세움 동쪽에 있는 에스

퀼리노 언덕 또한 비슷한 상황임이 틀림없다. 로마를 탄생시켰거나 로마의 중심 자리를 차지했었던 대부분의 장소가 일상에서 만날 수 있는 평범한 위치에서 평범한 모습으로 자리하고 있었다.

2천 년이 넘는 세월 동안 화석처럼 말라비틀어져 버린 수많은 유적만이 당시의 로마를 대변해 주고 있을 뿐이었다. 위대한 제국의 출발점이 높은 산이나 계곡 즈음에 튼튼한 산성 정도는 쌓아져 있어야 했지만, 로마의 경우는 테베레강 변 낮은 언덕이 전부였다. 역사의 시작도 BC 753년부터였으니 3천 년이 채 안 된다. 이집트나 그리스, 바벨론과 유대의 역사에 비교하면 짧다.

로마에 도착한 날은 한국의 추석날이었다. 이곳에도 한가위 보름달은 콜로세움에서 휘영청 떠올랐다. 콜로세움 벽면을 타오르더니 지붕으로 올라가 전차 경기장을 넘어 테베레강을 황홀한 빛으로 물들여 놓았다. 괴테가 '달에게'라는 시를 쓴 곳은 이곳이 아니었을까. 괴테 또한 달을 부여잡고 고향에 소식을 전하고 싶었을 것이다. 동시대를 살았던 슈베르트는 후에 그의 시에 곡을 붙였다.

마침 '달에게(An den Mond)'의 선율이 내 귀에 들려왔다. 포로 로마노와 콜로세움으로 오가는 대로변에 즐비한 거리의 악사들이 나의 마음을 알아챘나 보다. 고향 섬진강 백사장을 타고 흐르는 달빛이 눈에 선했다.

동시대를 살았던 두 대가가 이처럼 황홀한 조합을 이루어 낸 것은 어쩌면 괴테의 '열병'으로 인하여 태어났을 것이다.

> 달에게
>
> 그대 다시 수풀과 골짜기를 채우는구나 / 고요히 빛의 안개로 / 그대 마침내 다시 한번 / 나의 영혼마저 모두 풀어 놓는구나 / 그대 나의 벌판 위로 펼치는구나 / 어루만지듯 그대 눈길을 / 친구의 눈처럼 온화하게 / 내 운명 위로 / 기쁨의 시간이며 슬펐던 시간 / 그 모든 여운을 내 마음은 느낀다 / 나는 거닌다, 외로이 / 기쁨과 고통 사이를 / 흘러라, 흘러라, 강물아! / 결코 나 즐거워지지 않으리니 / 그렇게 장난도 입맞춤도 사라졌다 / 사랑의 맹세도 / … (후략)

로마는 어떤 면에서 보면 사랑스러운 도시. 며칠 로마를 걸어 본 후에 다가오는 느낌이었다. 오래 보면 더욱 그럴 것 같다. 마치 분칠하지 않은 여인의 모습과도 닮았다. 테르미니역에서 숙소로 가는 트램 안의 사람들이나 시가지를 휘감아 도는 오토바이 물결, 도로변에 늘어선 수많은 잡상인과 거리의 악사들, 어디서 왔는지 세계 만국 사람들이 다 모였지 싶을 정도로 각양각색의 사람들의 언어와 피부 색깔과 옷차림, 사람들의 맵시도 비교적 북쪽 지방의 베로나나 볼로냐, 비첸차와 같은 곳의 사람들과는 달라 보였다.

어쩌면 특별함이나 위대함은 일상적이나 상식적인 것과 같은 보편적인 것에서 나오는 것인지도 모른다. 그래서인지 로마는 마치 비빔밥과 같은 도시처럼 보였다. 과거와 현재, 부자와 빈자, 미련한 자와 똑똑한 자, 동양과 서양과 같은 상반되는 것들이 규칙 없이 흩어지고 다시 뭉쳐져서 전혀 보지 못했던 새로운 모습들을 만들어 내는 곳으로 느껴졌다.

허접한 건국 신화, 나라가 탄생하였던 장소라고 생각되지 않는 언덕, 화석처럼 굳어져 버린 역사의 흔적과 현장을 제외한다면 로마라는 도시가 1천 년을 지켜 낸 제국의 수도였다는 사실을 무엇으로 찾아볼 수 있을까?

어떤 이는 이렇게 말했다. 지성에서는 그리스인보다 '못하고',

체력에서는 켈트족보다 '못하고', 기술력에서는 에트루리안 보다 '못하고', 경제력에서는 카르타고인 보다 '못하고'. '못하고'만 가지고 있었던 로마인들에게 '잘하고'라는 말을 붙일 수 있었던 것은 하나도 없었을까?

그리스 아테네의 민주정치에 대하여 들어보면 초 현대사회를 살고 있는 오늘날의 민주국가보다 더 민주주의적 가치를 실천했다는데 놀라지 않을 수 없다. 페리클레스는 그의 연설에서 "우리가 누리는 자유는 의심이나 질투가 소용돌이치는 것까지도 자유라고 말할 만큼 완벽하다. 아테네에서 정치에 무관심한 시민은 조용함을 즐기는 자로 여기지 않고 시민으로서의 무의미한 인간으로 간주한다."

BC 390년에 로마는 켈트족에 의해 수도 로마까지 침범당하는 위험과 절망에 빠지기도 했다. 에트루리아인들의 손재주는 감히 누구도 따라갈 수 없어서 아레초에서 살펴본 에트루리아인들의 금속 기술, 도자기와 건축 기술 등은 로마로서는 부러움의 대상이었다. 한때 에트루리아 왕이 로마 왕을 겸직했었다고 하니 로마가 사실적으로는 에트루리아가 지배하고 있었다고 해도 과언이 아니었다.

그리스의 민주주의는 너무 완벽하고 청결하여 인간미가 떨어질 수 있었다. 그래서인지 모르지만, 당시에 선진국인 그리스로 시찰을 하러 갔던 세 명의 사절들은 돌아와 그리스 민주주의에 대하여 본받아야 할 것으로 보고하지 않았다. 로마는 켈트족 침입을 충격으로만 끝나지 않고 철저한 교훈으로 삼았으며, 에트루리아인의 기술을 부끄럼 없이 자기 것으로 받아들였다.

주변 국가들보다 1등을 하는 것이 하나도 없었으니 로마인들은 스스로 겸허해졌을 수 있다. 그런 까닭에 경쟁국인 그리스에서 교사를 초빙하기까지 했으며, 초빙된 교사는 노예라고 하더라도 스승으로 모셨다.

카라칼라 목욕장은 팔라티노 언덕에서 불과 1km도 떨어지지 않은 곳에 있다. 매일 8천 명의 인부가 5년 동안 투입되어 건립되었다. 하루에 8천 명이 목욕을 했다는 곳인데, 규모로 보자면 콜로세움보다 더 크고 웅장했다. 위대한 신전보다 더 신전 같았으며 어느 성보다 더 강성했을 것으로 보였다. 아직도 바닥에는 대리석으로 새긴 모자이크가 그대로 있었고 현대의 올림픽 공식 경기장 정도의 풀장도 있었다.

그곳에서는 왕도, 신하도, 평민도, 노예도 모두 같은 입장이 된다. 수증기 가득한 곳에서 누가 누구인지 분별하기 어려우니. 카라칼라 목욕장에서도 평민이나 신하들이 집정관이나 황제의 뒷말에 터지는 웃음을 참을 수 없었을 것이다. 상전에 대한 험담은 예나 지금이나 즐거운 일일 테니. 이발소나 목욕탕은 잡다한 최근 소식들이 가장 왕성하게 나뒹구는 곳이다. 로마는 이런 잡다한 뉴스를 접하기 위해 전략적으로 초현대식의 거대한 육식 공룡 같은 유흥 위락 업소를 만들었을 수 있다. 일찍이 이런 것들의 효용성을 로마를 지배했던 지배자들의 머리에는 지도처럼 자리를 잡고 있었을 테니까.

다른 것은 몰라도 개방성이나 정치적 감각 같은 것들은 어느 민족보다 탁월했던 그들이다. 그랬으니 평민이 호민관이 되고 호민관이 집정관이 되기도 했다. 전쟁에 패배한 장수에게 책임을 묻지 않았던 이유는 패배한 장군이 패배의 수치심으로 이미 책임을 진 것이라고 여겼기 때문이다. 이민족이라도 최소한의 기준만 넘으면 로마 시민권을 부여하고, 노예라도 출세를 할 수 있었다.

내가 로마 역사를 읽으면서 가장 궁금했던 것은 '무엇때문에 그들이 끊임없이 인재를 배출할 수 있었을까?'였다. 한니발은 알 프스를 넘어 수도 로마까지 침공해 놓고서도 홀로 성벽 위에 올라 걸어만 보고 정작 로마를 공격하지는 않았다. 어떤 수를 쓰더라도 로마를 이길 수 없다는 것을 감지한 것은 아닐까? 그는 혈혈단신으로 싸웠지만, 로마는 끊임없이 탁월한 인재가 배출되었으니 스스로 한계를 느꼈을 수 있다. 전투에서는 지더라도 전쟁에서는 이겨야 했다. 1명의 탁월한 장군으로는 전투에서는 이길 수 있지만, 전쟁에서는 그렇지 않다.

내가 로마에서 느꼈던 느슨함, 마치 비빔밥 같은 잡탕의 로마가 2천 년 전에 이미 시작된 것은 아닐까? 덜 민주적이고, 덜 과학적이고, 덜 상술 적인 그들이 스스로를 알고 그들보다 더 잘하는 이웃 나라를 배우고 그들을 품었을 테니까.

'장미라면 언젠가는 꽃을 피운다.'라는 로마 속담이 있다. 순간에 일희일비하지 않는 그들만의 속성이 있었다고 하면 너무 큰 칭찬일까? 언젠가는 붉은 장미 한 송이가 피어날 것이라는 믿음이 주변 사람들을 포용하고 품은 것은 아닐까?

판테온 | 카라칼라 목욕장 내부
산 탄젤로 성

한가위, 보름달이 떠오른 콜로세움

몽롱한 나폴리, 명징(明澄)한 폼페이, 베수비오는 내가 누군지 알고 있다

괴테의 로마 여정은 하루하루가 충격적이었다. 고대 로마와 현재의 로마를 겹쳐 놓고 변화를 느껴 보려고 했지만, 그것은 슬프고도 괴로운 일이 되어 버렸다. 당시 로마인들이 새로운 로마를 건설한다는 명분으로 훼손해 버렸기 때문이다.

하지만 로마라는 거대한 괴물이 괴테의 쓰라린 마음을 진정시켜 주기도 했다. 어디를 가나 나타나는 풍경화, 궁전들과 폐허, 정원과 울창한 숲, 개선문과 기둥들이 거의 한 곳에 붙어 있어서 종이 한 장에 다 스케치 할 수 있어서였다. 그런 괴테에게 로마에서 만난 티슈바인은 탁월한 안내자이자 조력자로서 그랜드투어의 교사와 같은 존재였다. 그로 인하여 로마에서의 시간은 화살보다 빠르게 흘렀다.

욕심을 내려놓으면 평온함이 밀물처럼 밀려왔다. 괴테는 무엇을 욕심내어 배우겠다는 것보다 차라리 있는 그대로를 바라볼 뿐이었지만, 그로 인해 찾아오는 평온함과 명료함이란 말 할 수 없었다. 어디를 가나 말을 걸어오는 고대인들, 예를 들면 판테온, 아폴론 상, 시스티나 예배당, 마음을 진정시켰다 싶으면 또 어느 곳에서 주목하여 주기를 요구하는 고대 유물에 대하여 주목하고 또 주목하였다. 그는 어제와 같은 사람이었지만 어제의 그가 아니게 변하고 있었다.

로마는 괴테의 삶에 있어서 큰 분기점이 되었다. 그 전의 삶은
오로지 로마를 보기 위한 준비의 삶이었을 만큼 로마는 거대한
학교였다.
매일 달려와서 봐 주기를 바라는 로마의 온갖 유물과 건축물과
그림이 그를 가만 놔두지 않았기 때문이었다.

고대 로마인들 외에 나를 괴롭히는 존재가 한 사람 더 있었으니
바로 괴테였다. 고대 로마에 지금의 로마를 포개어 놓고, 그 위
에 괴테의 시선을 보태니 덕분에 배고픈 줄도, 피곤할 줄도 잊었
다.

나폴리(Napoli)로 떠나기 전날 로마의 여정을 정리도 할 겸 테
베레 강 하류와 지중해도 볼 겸 오스티아(Lido di Osita)로 향했
다. 오스티아 앞바다는 코발트블루의 색종이를 다리미로 잘 다
려 놓은 것 같았다. 한 나라에 이렇게 다른 색상이 펼쳐질 수 있
다는 것이 신기했다.

모래는 검었고 건물들은 모두 평평한 슬래브 형태였는데 분홍
색과 노란색 계통의 파스텔 톤이 주류를 이루고 있었다. 이탈리
아 속에서 이국적인 느낌이 들었다. 스페인에 온 느낌이랄까?

거리의 악사가 마침 기타로 연주하는 곡도 스페인 음악 라팔로마를 끈적끈적하게 편곡한 곡이었다. 머리가 하얀 악사는 내가 사진을 촬영하자 더 뜨겁게 연주에 몰입해 주었다.

의외로 테베레강의 하류는 좁고 작았는데 로마에서 만났던 그 강폭과 비슷했다. 하류라고 해서 개펄이 펼쳐진 것도 아니고, 풍만하게 바다를 품은 것도 아닌 그 모습 그대로 바다로 몰입해 갔다. 좁은 강을 통해서 로마 사람들의 너른 가슴들이 티레니아해와 이오니아해, 아드리아해와, 에게해로 흘러 나갔을 것이다. 물은 경계가 없으니 말이다.

한결 편안해진 마음으로 테르미니역에서 나폴리로 떠났다. 내가 탄 기차는 열여덟 개 역을 거쳐 세 시간 만에 나폴리역에 도착했다. 오는 내내 차창을 응시했다. 우리나라 농촌 들녘과 참 많이 닮아서 잠에서 막 깨어난 사람이라면 어느 나라에 와 있는지 구분이 어려울 정도지 싶었다. 차창에 스치는 풍경들이 내 망막으로 날아와 꽂혔다. 그 모습 그대로 내 생각이 멈출 때까지 지워지지 않을 것이다. 저런 것들이 내 생각을 풍요롭게 할 것이며, 신념도 더 해 줄 것이다.

시간이 갈수록 내가 지나왔던 도시들에 대한 기억들은 점점 늘어나고 이별해야 할 대상은 점점 줄어가고 있다. 또다시 이 도시들에 올 기회가 없을 것이라는 생각에 기억들을 자꾸 챙기게 되었다. 아직은 내가 다녔던 거리와 스무 개가 넘는 숙소들도 머뭇거림 없이 찾아갈 수 있을 것 같았다.

로마에서 괴테의 여장 꾸리기를 재촉한 것은 베수비오 화산이 분출했다는 소식이었다. 많은 외국인과 여행자들이 화산 분출이 끝나기 전에 구경해야 한다고 떠나는 모습에, 괴테는 베수비오가 자신을 위해 무언가 조금은 남겨 둘 것이라는 여유를 부리기도 했다. 하지만 그의 마음은 이미 나폴리와 베수비오 그리고 그 아랫동네 폼페이(Pompei)에 가 있었다. 자연이 주는 세기적 판타지를 그 역시 놓치고 싶지 않았다.

나의 나폴리 숙소는 스페인 거리에 있었다. 적어도 2백년은 넘은 아파트들로 1층은 주로 상가들이 차지하고, 인도나 파키스탄 계열의 인종들이 야채나 먹거리 장사를 많이 하는 흥미로운 곳이었다. 내 방은 옥탑 방, 하지만 전망은 별 여섯 개의 초고층 호텔 라운지보다 더 멋졌다. 불과 35유로에 이런 호사라니.
5층 아파트 옥상에 임시 건물을 짓고, 임시 건물 위에 작은 바다색 벤치까지 놓아 마치 하늘에서 땅을 내려다보는 기분이었다. 멀리 그러나 가까이 베수비오산이 보였다. 저 멀리 소렌토만이 보이고, 끝이 미네르바 곶이었다. 한 뼘을 두고는 카프리섬이다. 원을 그리듯 단조로운 해변이 오른쪽 끝부분 포실리포 (Posillipo)에서 끝이 나니 못되어도 백 리는 될 것 같았다.

오로지 감각 기관만 가지고 마차에 오르면 되었다. 보이는 대로 느끼고, 호흡하고, 받아들이면 되었다. '나폴리를 보고 나서 죽어라(Vedi Napoli epoi muori)'는 말은 순전히 나폴리 사람들만의 생각이기는 하지만, 확실히 나폴리는 머리보다 또렷한 감각 기관이 필요한 곳이다.

괴테는 나폴리에서 느낀 것을 말하거나 그림으로 그리고 글로도 남겼지만, 그가 아쉬워했던 것은 자연이었다. 늘 그가 생각하고 말하며, 어떤 도구를 동원하여 표현했던 것 이상이었다. 해변, 만, 바다, 베수비오, 도시, 교외와 같은 것들은 늘 대문호 괴테의 머리 위에 앉아 있었다.

괴테의 이탈리아 여행에 있어서 로마가 지적인 세례를 주었던 성지였다면, 나폴리는 자연으로부터 폭포수 같은 세례를 주었던 낙원이었다. 로마라는 마법에 붙잡혔던 그, 하지만 나폴리에 와서 뒤돌아본 로마는 잊어도 좋을 만큼의 도시로 바뀌었다. 나폴리는 휴경지와도 같고 오아시스와도 같은 도시였다. 엄청난 태풍과 지진을 겪은 후 찾아온 고요, 그것이 그의 나폴리였다.

첫인상이 많은 것을 좌우하듯이 그가 겪은 나폴리에서의 자연체험은 그에게는 '첫 경험'으로 남아 다른 것들을 보는 것에 큰 잔상으로 남게 했다. 그가 일찍이 읽었던 책《샤쿤탈라》는 그 이후 읽은 책들에도 평생 남아 다른 책 읽기와 진지한 관찰에도 덧붙여지는 것이 없었던 경험과 같았다.
나폴리와《샤쿤탈라》는 괴테의 시선을 교정 해 준 길잡이가 되기도 했지만, 다른 것들을 있는 그대로 볼 수 없도록 장애가 되었다. 나폴리니 그렇다. 하지만 괴테는 나에게 있어서 또 하나의 나폴리요《샤쿤탈라》다.

—
샤쿤탈라(Sakuntala) : 인도의 가장 대표적인 고전 희곡으로 칼리다사가 각색했다. 아름다운 시문과 구상으로 인도 문학의 최고 걸작으로 평가받고 있다.

베수비오로 가야 했다. 우선 폼페이로 가야 하는데 초행인 나는 그 길이 만만찮아 보여서 아침 7시부터 서둘러 나섰다.

나폴리 몬테산토역(Stazione Napoli Montesanto) 앞 작은 바에는 아침부터 뜨거운 에스프레소로 쓰린 속 다독거리는 남정네들이 북적거렸다. 주인장들은 '본쥬르노' 하면서 웃음 지었다. 멀리서 봐도 한눈에 베수비오라는 것을 알 수 있었다. 10년 전에 폼페이에 여행 왔을 때 봤던 기억이 아직 선명했다. 두 개의 산이 붙어 있고, 더 높은 산이 베수비오인데 정상 부위가 화산 분출로 움푹 들어가 있었다. 저렇게 예쁘고 잘생긴 산이 화산이라는 것이 믿어지지 않을 정도로 맵시도 고운 산이다.

산자락의 나무들은 마치 화산에 탄 것처럼 부분적으로 검게 그을린 곳이 많은데 버스 기사에게 물어보니 화산 분출 때문이 아니라 지난 7월의 산불때문이라고 했다. 임야가 완전 타 버렸거나 일부는 그을려 회생이 불가한 것들이 대부분이었다.

서기 79년 8월 24일 화산 분출로 폼페이와 인근 도시들이 잿더미 속에 파묻혀 버렸다. 이곳은 대부분 로마에 사는 귀족들의 별장이자 휴양지였다. 뼈만 앙상하게 남은 도시는 여전히 호화스러운 극장과 목욕탕, 상가와 술집에서 웃음 지으며 손님 맞을 채비를 하는 것처럼 보였다.

2천 년 전 탁월했던 이탈리아인들이 세계 만국인들을 위해 이처럼 짜릿한 오락거리를 남겨 두고 갔다. 골목길에서 각양각색의 사람들이 숨은 보물찾기를 하는 것처럼 즐거운 표정들로 '인증샷' 찍기에 바쁘다.

베수비오 정상에 서면 나폴리부터 소렌토까지 곱게 치마를 펼쳐 놓은 것처럼 정연하다. 이 장면을 아펜니노 산맥이 북에서 남으로 지나가면서 내려다보았다.

괴테의 말을 빌리자면 두렵고 형태 없는 것들, 언제나 거듭 자신을 갉아먹고 모든 아름다움에 선전포고하는 화신을 이 땅 나폴리나 폼페이 사람들은 또 언젠가 그들 앞에서 보게 될 터이니.

두 시간 이상 달려와 올라선 베수비오, 내 발아래가 나폴리와 폼페이다. 나폴리만에 뿌려진 수많은 건물은 모래알 같다.
폼페이역에서 몬테산토 역으로 돌아오는 기차 안에서 어젯밤의 화려했던 나폴리의 밤이 내 눈에 스쳐 갔다.

나폴리에서 본 베수비오

잘 있거라 소렌토여
절벽의 도시여

　로마에서는 로마인이었던 괴테는 나폴리에서 철저한 나폴리인이 됐다. 묵혀 두었던 휴경지를 갈지도 않고, 부지런하지도 않았지만, 지나간 여정들 속에서의 관찰들이 비교되고 정리되었다. 헝클어진 실타래가 하나둘씩 풀려나듯이 중압감 넘치는 로마의 기억이 나폴리에서 해소되었다. 나폴리라는 탁월한 자연은 철저히 나폴리인으로 살았던 괴테에게 준 선물이었다. 그는 여행을 통해서 여행과 삶을 배웠다.

　괴테는 꼭 한번 가고 싶었던 시칠리아를 여행가기로 결정했다. 잠행을 통해 빠져나오면서부터 시작됐던 시칠리아에 대한 부담감이, 나폴리 사람으로 살면서 치유되었다.

　나폴리에서 매캐한 모터사이클의 매연을 뒤로하고, 카프리(Capri)행 페리에 몸을 실었다. 이틀간 머물렀던 옥탑방은 잊히지 않을 추억이 될 것이다. 민박집 주인인 레나타는 브라질 등지에서 살다가 온 중년을 넘긴 여인으로, 남자 친구와 동거를 하고 있는데 늙은 개 한 마리가 거실을 지켰다. 너저분한 안방은 낡은 침대와 오래된 텔레비전, 줄이 터져 버린 클래식 기타가 형식 없이 나자빠져 있었다.
옥탑방으로 연결된 철제 계단은 한 사람이 빠져나오기도 어려울 만큼 좁고 낡아서 오르고 내릴 때마다 삐거덕 소리가 나면서 불안하게 만들었다. 그래도 떠나기 위해 마지막으로 내려오는 계단에서, 이런 특별한 곳에서 보낸 시간이 미소 짓게 했다.

사흘 동안 쏘다녔던 거리에 대하여도 작별 인사를 했다. 이 거리를 잊지 못할 것이라고. '이곳의 아파트들은 적어도 2백 년이 넘었다'는 민박집 아래 피자집의 알렉산더의 말에 모든 불만과 불편을 지중해에 버렸다. 오래되어서 그렇다는 말에 남김없이 용서되었다.

내 여행에 있어 카프리는 일종의 햇빛 잘 드는 뒤뜰과 같은 곳이라 기대를 했었다.
카프리의 밤은 적막이었다. 밤새도록 아무 소리도 들리지 않았다. 오토바이 굉음이나 폭죽 소리, 옥탑방 건너 옥상의 개 짖는 소리, 골목길 식육점 사장의 고함도 들리지 않았다.

카프리는 이번에 두 번째 오게 된 것이라 페리를 타고 건너오는 바닷길이나 케이블카를 타고 올랐던 몬테 소랄로(Monte Solaro)로 가는 전경, 거기서 내려다보이는 카프리가 생소하지 않았다. 한 번 다녀갔다는 것이 이처럼 익숙하니, 보지 않고 말하는 것이 얼마나 위험한 일인지 모른다. 괴테도 용암이 흐르는 모습을 직접 보기 위해 세 번이나 베수비오를 올랐으니 그도 눈으로 직접 보지 아니한 것은 믿지 못하는 성격이었나 보다.

카프리는 백색의 섬이다. 항구는 모두 백색 일색이었다. 아나 카프리의 몬테 소랄로에서, 빌라 산 미켈레(villa San Michele)와 카프리 본 섬 꼬뮤네 앞의 좁은 광장, 아우구스트의 별장(Giardini di Augusto)에서 본 카프리의 주택과 공공건물, 호텔 할 것 없이 모두 하얀색이었다. 하얀색이 아닌 것은 오로지 좁은 골목길을 누비는 오렌지색의 미니버스 뿐이었다.

호흡이 자연스럽고 피부로도 숨을 쉴 수 있을 것 같았다. 밤거리도 하얀 벽에서 반사되는 불빛이 모든 것을 새롭게 만들었다. 마치 하얀색이 아니면 동지로 취급하지 않겠다고 말하는 것 같았다. 하룻밤을 보내고 점심 무렵에 도착한 소렌토(Sorrento) 항구는 깎아지른 듯한 절벽이 눈앞을 가로막고 있었다. 소렌토가 가진 것이라면, 이것도 가진 것이라고 해야 할지 모르지만 깎아지른 절벽뿐이었다. 소렌토는 그런 곳이었다.

나폴리처럼 도시가 크거나 오래된 역사의 유산도 있어 보이지 않았다. 그렇다고 해변이 길게 뻗어 눈을 쉬게 할 수 있는 것이라든지 광장, 유명한 시장조차도 없었다. 차마 말하기도 미안하지만, 폼페이와 같은 조상이 물려 준 '탁월한 오락 거리'도 없었다. 가지고 있다는 것은 오직 절벽, 이것이 이들의 절벽이지 않았을까? 앞이 보이지 않는 절벽 말이다.

아말피로 가는 버스 아래로는 수백 미터 낭떠러지, 파도가 부딪쳐만들어 낸 하얀 물거품이 바다와 육지의 경계를 이루고 있다는 증거를 남기고 다시 먼 바다로 물러갔다. 위쪽으로 쳐다보면 더 가물가물하다. 강철로 밧줄을 만들어 온통 절벽을 감싸 놓았다. 혹시나 있을 안전사고를 예방하기 위함인데 그래도 그 중간 즈음에 새처럼 집을 짓고 오히려 그것을 즐기려는 사람도 있으니 이들은 어떤 사람들인지 모르겠다. 길 아래 절벽도 마찬가지다.

포시타노(Positano)에서 아말피(Amalfi)까지의 해안은 이탈리아가 자랑하는 유네스코에 등재된 해안 경관지구다. 구불구불 모퉁이를 돌 때마다 절벽 같은 언저리에 동네가 살포시 앉아 있었다. 이들 동네는 절벽이 삶의 절벽이었을 것이다. 어디에도 포도나 올리브 나무 한 그루 심을 수 있는 공간조차 보기 힘들었다.

하지만 인생은 늘 역전이 허락되는 드라마와 같은 것, 절벽이 인생의 절벽을 마감하게 해 준 하늘의 선물인 것을 깨달은 것은 지난 20세기 초 정도였다. 이곳 아말피와 소렌토, 카프리의 절벽은 알고 보니 하늘이 준 선물이었다.

우리나라에도 아말피 해안 못지않은 길은 많이 있다. 내가 살아가고 있는 섬진강 길은 이들이 아말피 해안을 일컫는 형용사인 가슴 떨리게 하는 수준 정도가 아니라 가슴을 부둥켜안고 강물로 빠져들게 하는 길이다. 남해의 오밀조밀한 해안 길은 모퉁이를 돌 때 마다 마치 섬을 헤엄쳐 가는 기분을 들게 할 정도이고 금산에서 내려다보이는 다도해의 풍광은 또 어떤가.

카프리에서도, 이곳 소렌토로 건너와서도 그리고 아말피로 가는 좁고 스릴 넘치는 해안 길에서도 내 의식의 시선은 소렌토 반도 끝자락에 가 있었다. 나폴리만의 남쪽, 카프리와 몇 걸음 떨어져 마주 하는 곳, 언젠가 그 끝부분에 서서 지중해를 바라보고 싶었었다. 이곳은 2천 2백여 년 전 로마의 5단층 갤리선 전함들이 나폴리만을 떠나 남쪽 시칠리아 앞 바다로 출전했던 바로 그 바다다.
한니발 전쟁 초기 로마는 3단층 갤리선뿐이었지만 한니발의 카르타고는 5단층 갤리선을 120척이나 보유하고 있었다. 3단층 갤리선은 노잡이가 100명, 전투원 100명이 승선 할 수 있었지만 5단층 갤리선은 각각 300명씩 그러니까 배 한 척에 6백 명 가량이 승선 할 수 있는 대형 함정이었다. 지금으로 치면 항공모함과 일반 군함의 차이다.

하지만 아무리 로마라고 하더라도 이런 상황에서 카르타고의 5단층 갤리선과 같은 전함을 짧은 기간 내에 건조하지 않으면 패배는 분명한 것, 이곳 나폴리만의 따뜻하고 잔잔한 천혜의 항구를 이용하여 한니발 전쟁을 위한 갤리선을 건조하였던 곳이다. 갤리선 전함들이 편대를 이뤄 출발했던 곳이 바로 소렌토 반도와 카프리 사이 좁은 골목길과 같은 바다였다.

괴테는 소렌토 반도의 끝부분, 뾰족한 그곳을 미네르바 곶이라고 불렀다.
오후 4시 즈음에 아말피에서 돌아와 긴급하게 모터사이클을 빌렸다. 반환 시간이 7시여서 시간이 그리 넉넉하지도 않았다. 불가피하게 나까지도 매캐한 냄새를 뿜어 대는 모터사이클 대열에 끼어들 수밖에 없는 상황이었다.
5시가 될 무렵에 소렌토 반도의 마지막 마을인 테르미니

(Termini)를 통과해서 납작한 돌로 포장을 해 놓은 울퉁불퉁한 산길을 지나니 길은 더욱 상태가 좋지 않은 곳으로 접어들었다. 태양은 이미 카프리섬 위에서 넘어가는 중이었으나 아직 그래도 한 시간은 족히 더 떠 있을 것이다. 30분쯤 후에 미네르바 곶에 당도 할 수 있었다.

한참을 서서 카프리 쪽 바다를 바라보았다. 2천 2백 년 전 나폴리만을 채웠던 선단들이 줄을 지어 이곳 미네르바 곶을 통과해 남쪽으로 내려갔다. 이 해전이 한니발 전쟁의 승패를 쥐고 있었고, 로마는 해전의 승리로 한니발을 궤멸시킬 수 있었다.

한참 동안 감았던 눈을 떴다. 내 눈앞에는 하얀 범선 한 척이 떠 있다. 세상에서 가장 아름다운 장면 하나는 바로 미네르바 곶과 카프리섬 사이의 좁은 바다를 빠져나가는 범선의 뒷모습이다. 아, 상상 속에서나 서 있었던 곳에서 그 모습을 보고 있다! 괴테가 사랑하는 사람이 그렇게 떠나는 것을 본다면 분명 그리움으로 죽어 버릴 것이라 했던 그곳, 그 장면을 나는 보았다.

아말피 해안을 유람하고 돌아오는 시티투어버스 속의 자동 안내 방송에서는 '돌아오라 소렌토로'가 반복해서 방송 중간중간에 흘러나왔다. 절벽의 도시, 자랑 할 것이라고는 절벽 밖에 없는 소렌토를 떠나 버린 연인을 향해 울부짖는 노래였다.

나도 소렌토를 떠났다.
"잘 있거라 소렌토여! 절벽의 도시여!"

몬테 소랄로에서 본 카프리와 소렌토

티베리우스 황제의 동상 ㅣ 포시타노
소렌토의 석양

이탈리아를 대표하는 불빛,
비에스테

르네상스적 인간 괴테, 후대가 붙여준 별명이기는 하지만 그의 학문 세계는 실험적인 성격이 짙은 것도 있다. 《색채론》의 마지막 부분에 소위 '딜레탕트에 대한 존경'이라는 내용이 있다. 딜레탕트란 애호가라는 뜻인데, 세상에 딜레탕트의 존재가 있음으로 학문의 발견이나 깊이와 넓이가 확장되어 왔다는 지론이다.

학문이란 자신의 전 생애를 바칠 수 있는 사람에 의해 발전 할 수 있겠지만 그럼에도 불구하고 경험과 우연의 산물이기도 한 학문이나 예술이 발전하기 위해서는 불충분한 것이거나 심지어 오류까지도 사용되고 자극제가 되어 왔다는 생각이었다.

《색채론》도 이 분야에서 딜레탕트와도 같은 괴테가 썼다는 것 자체도 성향을 반영한 것이다.

사실 《색채론》만 보자면 당시 정설로 받아들여졌던 뉴턴의 그것에 견줄 바가 되지 못했었다. 괴테의 이론이 수학적 이론의 뒷받침을 받지 못한 결과였으나, 20세기 중반 무렵부터 산업화의 모순이 심화됨에 따라 괴테의 이론은 하나의 대안으로 일부 물리학자들로부터도 조명을 받게 되었다. 괴테의 색체 이론은 밝음과 어둠의 만남과 경계선에서 일어나는 현상으로 인간의 감각과 관련되어 있다는 논지였다.

괴테가 색체에 대한 연구의 씨앗이 싹트게 되었던 것은 바로 이 탈리아 여행에서였다. 여행 중에 관찰한 예술 작품들을 통하여 실용적인 색채 이론의 필요성을 깨닫게 되었다. 대가들이나 천 재들에게만 기회가 부여되는 것이 학문이나 예술이라면 또는 그것이 세상의 원리라면 로마라는 제국은 탄생되지 못했을 수 있다. 로마라는 나라는 2류, 나아가 딜레탕트들의 집합체였을 수 있으니까.

여행에 관한 한 괴테 또한 딜레탕트였다. 아무도 모르게 잠행했 던 것만 보더라도 그렇다. 그렇게 시작된 여행이 그의 인생을 바 꾸어 놓았다. 모험과 도전의 딜레탕트적 관념이 그를 만들어 놓 았을 수도 있다. 시칠리아행 범선 타는 것을 두려워한 괴테였지 만 결국 그 배를 타게 되었으니 여행에 관한 한 확실한 딜레탕 트였다.
1786년 9월 3일 새벽 3시에 카를스바트를 떠난 지 근 7개월 만 이다. 사실 괴테는 나폴리에서 시칠리아로 갈지 안 갈지에 대하 여 오랫동안 주저하고 결정을 못했었다. 색채 이론의 원리도 바 로 검은색과 흰색이 만나는 경계선의 양극 현상에서 시작됐던 것처럼 그의 시칠리아 여행도 경계선에서 힘겨운 싸움을 벌인 결과였다.

괴테를 고민에 빠뜨리게 한 것은 항해로 인한 멀미 때문이었다. 인생 여로를 결정하는 것이 그의 예견처럼 크고 막중한 것에만 있는 것은 아니다. 그것을 촉발시킨 것은 지난 역사를 현장에서 봐야겠다는 생각이었다. 일종의 역사관이라고 할까. 시칠리아는 아시아와 아프리카로 향하는 중요한 관문으로서 뺏고 뺏기는 역사가 빈번했던 장소였다.

그의 말대로 세계사의 수많은 사건들이 발생했던 지점에 직접 선다는 것은 작은 일이 아니었다. 내가 빌라 산 조반니 항구에서 건너편 메시나를 바라보면서 역사의 한 획을 그었던 현장에 있고 싶었듯이, 미네르바 곶에 서서 2천 2백여 년 전 로마의 5단층 갤리선 전단이 시칠리아로 떠나는 모습을 상상하고 싶었던 것처럼, 역사의 현장에 있다는 것은 대단한 감흥을 준다.

세계사의 여러 현장에서 질곡을 함께 했던 시칠리아를 보게 된 것에 대하여 괴테 스스로도 큰 일로 여겼다. 그러면서 그의 고국에 있는 친구들에게도 편지를 통하여 지금까지 관심을 가져 주었듯이 시칠리아에까지도 사랑으로 함께 따라 와 달라고 부탁을 했다.

나는 곧장 시칠리아로 행하지 않고 또 다른 역사의 현장인 이탈리아 동부 해안과 남부 해안을 둘러 시칠리아로 갈 것이다. 소렌토에서 열차를 타고 다시 나폴리로 돌아와 비에스테(Vieste)로 향했다. 비에스테는 휴양지로서 아직까지는 많이 알려지지는 않았으나 아드리아해 쪽의 도시들을 꼭 보고 싶은 마음에 일정을 변경해서 갈 마음을 먹었다. 나 역시 이 분야에 딜레탕트다. 여정 때문에 안절부절 하고 자주 실수를 했다.

나폴리에서 비에스테까지의 거리는 약 200여 킬로미터 정도다. 대중교통이 원활하지 않아 포자(Foggia)까지 직행버스로 간 후 다시 완행버스를 타고 가게 되었는데 모두 다섯 시간 정도가 걸렸다. 이렇게 멀고, 교통이 좋지 않을 줄 알았다면 일정에서 제외했을 텐데 하는 후회도 했지만 막상 도착해서 본 비에스테는 상상 밖의 동네였다.

비에스테를 들어가는 길목의 산야는 어느 외계 행성에 들어온 듯한 느낌을 주었다. 지금까지 봐 온 이탈리아의 산야와는 전혀

다른 풍경이었다. 이곳에 우주선 모양의 큰 야영 텐트 몇 동이라
도 앉아 있었다면 영락없는 외계 행성에 온 것으로 착각할 정도
였다.

석회암으로 산들이 형성되어 있어 눈이 부시도록 하얀 절벽이
아드리아해의 파란 바다와 대조를 이뤄 또 다른 세계였다. 시가
지에는 백색의 건물들, 인도까지 하얀 대리석으로 깔려 있어 카
프리의 하얀색과는 다른 감흥을 일으키게 했다.

이탈리아와 같이 세계 역사의 중심에 있었던 그들과 우리의 차
이는 무엇일까? 소위 강대국이라고 하는 나라들과 우리와는 무
엇이 다른가 하는 것이 스스로에게 묻는 질문이었다. 그만큼 큰
역사의 물결을 헤쳐 나온 결과이기도 할 것이다. 그에 따라 생각
의 크기가 커진 것은 아닐까? 말 그대로 그랜드 디자인을 할 줄
아는 탁월한 정치인이나 실력가가 있었을 것이고.

생각의 크기를 키워 준 것은 오랜 역사를 통해서 숙달되고 물려
받은 것일 수 있다. 고대 로마 시대 때 카르타고와 포에니 전쟁
을 치르면서도 로마는 패장에게 책임을 묻지 않았지만 반대로
카르타고는 그 사이에 네 명의 장군을 처형시켰다. 그런 까닭에

전장에서 로마의 장군들은 자기 책임으로 전쟁을 완수 할 수 있었으니 큰 생각, 큰 그림을 그릴 수 있었을 것이다. 하지만 괴테의 말을 빌리자면 견실한 시민이 가장 품위 있고 고귀한 자원이라고 했던가?

방파제를 따라 등대 있는 곳까지 한참을 걸었다. 아드리아해의 물결이 출렁거렸다. 저 바다 건너편이 크로아티아, 몬테네그로, 보스니아헤르체고비나, 그 아래로는 알바니아와 그리스다. 지도에서 보면 이곳 비에스테나 레체(Lecce)와는 얼마 되지 않는 거리다. 이 장화의 뒤 발꿈치에 위치한 비에스테는 그곳을 향해 등댓불을 밝힐 것이다. 하나의 항구 불빛이 아니라 이탈리아를 대표한 불빛으로. 비에스테는 그런 곳이다.

다시 골목길로 들어왔다. 좁은 골목길로 아드리아해의 가을바람이 사면에서 불어와 골목길마다 널어놓은 빨래들을 흔들어 댔다. 이불이며, 양말이며, 속옷까지 바람에 일렁거렸다. 이런 광경을 보고 있으면 집에 어느 정도의 식구가 사는지, 아이가 있는 집인지, 남정네가 사는 집인지도 대략 알 수 있다.

유독 이탈리아 남부 지방으로 올수록 '빨래 광경'은 쉽게 볼 수 있다. 북쪽에서는 본 기억이 그리 많지 않다. 날씨가 워낙 좋아 탈수를 하지 않는 습관이 있어서 그럴 수 있을 것이다. 이탈리아 첫 여행지였던 볼차노에서는 탈수기가 있어서 빨래한 후 탈수를 했었는데 기후의 영향일 수 있다.

이탈리아 여행을 하며 괴테가 부러운 것은 티슈바인이라는 동반자가 있었다는 것이다. 그는 훌륭한 화가였지만 자기를 나타내지 않고, 괴테의 의중을 알아채고 말없이 협력했던 사람이었다. 특히 지금과 같이 사진기가 없었던 시절에 티슈바인은 빠른 스케치로 현장을 기록으로 남기고 그것을 괴테가 활용 할 수 있도록 배려를 했었다.

나폴리에서는 화산이 분출하는 상황 속에서도 괴테의 권유에 마다하지 않고, 베수비오 산 등정에 동행하였는데 그야말로 오리를 가자고 하면 십 리를 갈 수 있는 사람이었다. 그는 나폴리에서 괴테와의 동행을 마치고, 크니프라는 나폴리 화가를 추천하여 괴테가 홀로 여행하지 않도록 배려를 아끼지 않았던 인물이었다.

비에스테 등대 | 성 파올라 동상
비에스테 해안

이탈리아호의 평형수,
타란토

　자연이 표현하는 모습 그대로를 언어로 구사하는 사람이 있다면 괴테를 능가하는 대문호가 될 것이다. 괴테는 그런 한계를 느꼈던지 결실이 풍부한 땅, 탁 트인 바다, 아지랑이가 피어오르는 섬과 같은 것들을 서술해낼 감각 기관이 없다고 토로하기도 했다. 하지만 그의 일등 교사는 늘 자연이었다. 자연은 혼란스러운 상태에서도 수많은 현상을 비교하고 정리해낸다는 사실을 깨달은 후부터였다.

　계절의 변화로만 본다면 우리나라는 극과 극의 나라다. 40도 가까이 올라가는 혹서기가 있는가 하면 영하 20도까지 떨어지는 혹한의 겨울이 있다. 여름에는 적어도 몇 개의 태풍을 이겨내야 하고, 전국이 물난리를 한 번은 겪어야 여름을 보낼 수 있다. 해수욕과 스키를 한 해에 동시에 즐길 수 있는 나라가 그렇게 흔하지는 않다. 극과 극의 계절과 색상을 가진 자연을 철마다 바꿔가며 감상할 수 있는 것이 고맙기 그지없다.

　비에스테를 출발해서 여섯 시간 이상 버스로, 기차로 오는 동안 차창 밖에 펼쳐지는 이탈리아 남부의 풍경은 평온과 낭만 자체였다. 부드럽게 흐르는 곡선의 구릉과 끝없이 펼쳐진 들판, 저 멀리 느리게 돌아가는 풍력발전기는 목가적인 분위기를 더욱 자아냈다. 그렇지만 시각적인 계절의 변화를 잘 느낄 수 없었다. 이것도 여행을 통해서 얻은 유익이라면 유익이다.

애초 타란토는 나의 여행 일정에서 빠져 있었다. 물론 비에스테도 마찬가지였다. 하지만 비에스테에 온 만큼 비에스테에서 타란토(Taranto)로 일정을 바꿨다.

타란토역에 내려 어둡기 전 숙소에 도착할 요량으로 주변 상황을 체크할 겨를도 없이 숙소로 내달렸다. 날이 저무는 시간이라 기차역의 다리 건너에 있는 구도심은 적막했다. 무너져 내릴 듯한 건물들이 태양의 그림자에 짓눌려 까맣게 길가에 드러누워 있었다.

총알처럼 구도시를 지나면 지레볼레 다리(Ponte Girevole)를 건너야 했다. 왼쪽으로는 두 개의 둥글게 생긴 호수 같은 바다 마레 피콜로(Mare Piccolo)가 있고, 오른쪽으로는 타란토만(灣), 그 만을 빠져나가면 이오니아해와 지중해로 연결된다. 마레 피콜로에는 함정 몇 척이 정박하여 있고, 작은 경비정 같은 배들이 지레볼레 다리 밑으로 다니는 것이 보였다.

타란토의 옛 명칭은 타란툼이다. 기원전 8세기경 그리스 스파르타 계열의 시민들이 일찌감치 자리를 잡고 개척한 도시다. 이탈리아 남부와 시칠리아는 대부분 그와 비슷한 시기에 그리스에서 이민을 온 이주민들이 개척했다. 이 도시들은 말이 그리스인이지 도시를 개척한 이후에는 본국과 연결고리를 가지지 못했다. 독자적인 발전을 도모했기 때문이다.

그에 비하면 로마의 연합체라 할 수 있는 도시들은 라틴동맹이나 후에 로마동맹으로 불릴 수 있는 동맹의 고리를 지키고 있었는데 그 역할을 했던 것이 로마라는 도시국가였다. 그것이 후진국 로마와 선진국 그리스의 운명을 가르는 선이 되었다. 각자도생(各自圖生)의 길은 쉽지 않았다.

타란툼 그러니까 타란토에 관심을 가졌던 것은 도시의 역사 때문이었다. 기차를 타고 타란토 역에 도착하기 10여 분 전부터는 산업지대가 펼쳐져 있었다. 석유화학 산업체로 보였다. 타란토의 옛 성인 카스텔로 아라고네스(Castello Aragonese) 앞 바닷가 산책로에 서면 제철소와 조선소가 바로 눈앞에 펼쳐져 있었다. 이탈리아가 자랑하는 막강 해군력도 타란토에 기지를 두고 있는데 타란토만 동쪽에는 초대형 함정들이 정박하여 있는 것도 보였다.

이런 연유로 타란토는 늘 경제력이 넘치는 도시였다. 조선, 철강, 수산업 등으로 이탈리아 산업의 근간을 책임져 온 도시였다. 기원전 3세기 무렵 카르타고와 포에니 전쟁을 치를 때 5단층 갤리선을 급조한 곳도 타란토였다.

타란토가 로마 연합체로 들어오기 전 독자적인 도시 국가였을 때만 하더라도 그리스 에페이로스의 피로스 왕을 스카우트하여 로마에 대항했던 나라였다.

당시에 타란토는 피로스 왕에게 37만 대군의 용병을 준비해 놓을 테니 와서 로마와 대신 싸워 달라는 요청을 했다. 물론 그 대군은 실제화되지 않았지만, 피로스 왕은 이를 믿고 로마와 싸웠다. 그 정도의 경제력을 가지고 있었기 때문에 전쟁영웅 피로스 왕도 믿음을 가졌다. 피로스 왕이 타란토에 도착 해 보니 시민들은 대부분 원형극장에 모여 연극을 관람하고 있었다. 돈으로 국가의 운명을 사려 했던 나라였다. 결과는 뻔했다. 타국에 의한 승리와 평화는 있을 수 없는 것이다. 카르타고도 자국민에 의한 군대가 아니라 용병에 의한 군대였다.

제2차 세계대전 초기에도 타란토는 이탈리아 해군의 핵심 기지로 영국군을 주축으로 하는 연합군의 호된 폭격을 맞았다. 1991년 걸프 전쟁에서 미국 주도 연합군의 해군과 공군이 출격했던 곳도 타란토였다. 역사의 기운은 타란토를 그런 곳으로 기억하고 있었다.

몇 시간만 다녀 보면 타란토의 도시 외관도 역사적 여정과 다르지 않다는 것을 짐작 할 수 있다. 화려한 구석이라고는 찾아 볼 수 없는 무표정의 도시다. 이것이 로마 군단이 지녔던 장중함과 진중함의 모습과 닮아 보였다.
결코 덩치는 크지 않지만 단단한 돌덩이처럼 강인함을 엿볼 수 있다. 작은 이탈리아, 이탈리아 속의 이탈리아가 바로 타란토라 할 수 있다. 국가의 기간산업과 해양 강국의 면모를 이곳 타란토가 가지고 있다.

큰 배들은 배 바닥에 평형수가 있다. 배가 풍랑에 기울지 않도록 하는 장치다. 배의 무게중심을 평형수가 잡고 있다. 평형수가 없는 배는 작은 바람에도 기울어 좌초할 수 있다. 장화의 발바닥 한 가운데 움푹 들어간 최적의 공간, 이곳에 이탈리아호의 평형수가 가득 채워져 있는 것과 같다. 이탈리아의 두뇌라고 할 수 있는 밀라노, 심장과 같은 로마, 화려한 이미지를 가지고 있는 피렌체나 베네치아와 같은 도시와 달리 타란토는 모습을 감춘 채 진중하게 평형수의 역할을 하고 있다.

로마는 세 차례의 포에니 전쟁 후에 세계를 제패한 제국의 길로 나아갔다. 지중해 권역의 패자(霸者)가 되었다. 비로소 마레 노스트룸(MARE NOSTRUM), '우리의 바다'가 실현된 것이다. 이 역사적 바탕에는 타란토라는 도시가 있었다. 두뇌와 심장만으로는 할 수 없는 일을 손과 발이 된 타란토가 받쳐 주었다.

타란토 시가지를 다녀 보면 시민들의 모습이 침착하고 안정되어 있음을 느낄 수 있다. 타란토라는 도시 자체가 그렇기 때문이기도 하다. 역사의 중심에 서 있었지만 나타내 보이지 않는 그런 도시였다. 엄마의 품 같은 타란토만(灣)이 그런 역사를 만든 장본인이었다.

타란토의 옛 성 카스텔로 아라고네스

해군 기념비 | 타론토 구시가지
해안어 시장

이탈리아의 영혼 시칠리아,
그 관문 메시나(Messina)

바라는 것이 없다면 없어질 것들이 얼마나 될까? 감옥과 같
은 제한된 공간에 사로잡혀 있을지라도 바라는 것들이 제한되
면 확장되는 것들은 사고와 내면의 명령일 수 있다. 물리적 공간
의 크기와 상상의 공간 크기는 다행히도 함께하지 않는다.
괴테는 이것을 잘 누리는 사람이었다. 외부 세계와 단절이라고
할 수 있는 바이마르의 물리적 공간, 그가 늘 교류했던 수많은
친구와 지인을 물리치고 도망치듯 자신을 제한해 버린 여행, 그
는 시칠리아행 코르베트함의 작은 선실에 감옥처럼 자신을 옥
죄고 누워 있었다. 비록 결정을 '해 버리고' 그 '해 버린' 결정에
따라 배에 올라타긴 했지만, 늘 그의 머리를 떠나지 않았던 것은
멀미 때문이었다.

한쪽을 포기하면 다른 한쪽이 활성화되고, 그쪽에서 새로운 움
직임이 일어나듯 철저히 포기한 4박 5일의 항해에서 그는 생각
이 내면에서 멋대로 흘러가도록 두었다. 인간이 다른 동물들과
다른 점이라면 이처럼 물리적 공간과 내면의 공간이 다르다는
점이다. 그의 《이피게니아》는 억류된 상태처럼 제한된 물리적
공간에서 그 큰 산맥이 완성되었다.

제한된 공간에서 명징한 사고가 발휘되는 것은 괴테만의 일은

아니다. 학문의 한 장르처럼 형성되어 버린 유배 문학이라는 것
도 이런 물리적 공간의 악조건 속에 있었기에 탄생할 수 있었다.
괴테는 물리적 공간의 제약에 한껏 고무되어 있었다. 사면이 바
다만 보이는 고립무원 속에서 세계에 대하여, 자신에 대하여 제
대로 알게 되었다. 배는 파도와 폭풍에 앞으로 나아가지 못하고
있었지만 그의 항해는 고요했다. 역풍이 불어 차라리 배가 뒷걸
음치는 상황에서도 바이마르 탈출 이후에 가장 행복하고 편한
시간을 누렸다.
그의 40년 가까운 삶에 있어서 결정적인 일은 바로 이번 여행이
었다. 이것을 깨달은 것은 4일간에 밀고 밀리는, 사면초가와 같
은 파도로 휩싸였던 바다 위의 감옥과도 같은 선실에서였다.

홀로 여행하는 것은 이런 것을 자초하는 것이다. 나의 3개월간
의 이탈리아 여행도 자발적인 유배라는 표현을 쓰고 싶다. 어떤
간섭으로부터도 탈출하여 망망대해에서 항해하는 것 같은 자유
를 앞에 둔 것이기도 했다.

어쨌든 지금 메시나에 와 있다. 좁지만 결코 좁지 않은 메시나
해협을 가르고 여기에 와 있다. 무언가에 홀린 것 같기도 하고,
내가 지금 여기에 있는 것이 맞는지 실감도 나지 않는다. 하지

만 아무리 생각 해봐도 맞다. 나는 근 두 달 동안 이탈리아반도를 헤매다가 이곳에까지 와 있다. 이곳이 이탈리아의 영혼이라고 불리는 시칠리아의 관문 메시나(Messina)다.

한 순간도 쉬지 않고 수많은 화물과 사람, 자동차를 통해 놓고 건너편 빌라 산 조반니(Villa San Giovanni)로 건너가는 페리들, 거북이처럼 느리지만 늘 자리에서 묵묵히 일을 해내는 저들이 시칠리아의 증인인지 모른다. 조수 간만의 차가 그리 심하지 않아 보이지만, 이들의 등에는 수천 년 동안 좁은 해협을 건넜던 무리의 무게가 잔뜩 실려 있다.

기원전 264년 집정관 아피우스 클라디우스가 이끄는 선단이 카르타고의 침략에 메시나를 구원하기 위해 건넜던 메시나 해협, 먼저 건넌 선발대는 성공적인 도하를 횃불로 신호를 보냈다. 이윽고 서로 배를 결합하여 본진이 건넜는데 물살이 거세서 한 참이나 떠밀려 내려간 후에 메시나에 당도했었다.

어제 타란토에서 장화의 발바닥을 다 훑고 발부리인 빌라 산 조반니로 오기까지는 인터시티(inter city) 기차로 장장 7시간이 걸렸다. 오는 내내 내 왼쪽으로 지겹도록 이오니아해가 똑같은 모습으로 있었다. 하지만 이제는 실제로 내 여정의 종착지다.

오래전 로마의 역사를 읽을 때 빌라 산 조반니 항구에 서서 이 곳 메시나를 향해 서 있는 나를 상상했었다. 어제 오후 늦게 도 착하자마자 배낭을 던져 놓고 항구로 나갔다. 가고 오는 배들을 지켜만 보았다. 바라만 보는 것 외에는 해야 할 것도, 할 필요도 없는 일이었다. 다른 행위들은 오히려 불필요한 겉치레만 될 뿐 이다. 바라보는 것만으로도 가장 성스러운 기도가 되고 예배가 될 수 있기 때문이다.

저녁 늦은 시간에 다시 항구로 나갔다. 숙소에서 불과 10분 거 리에 있으므로 가는 것은 문제가 안 되었다. 불을 밝히고 오가는 페리들이 부지런히 차량과 사람들을 실어 날랐다. 이른 아침 시 간에도 또 나가 보았다. 떠오르는 태양 빛에 메시나 쪽 시가지 건물들은 붉은빛을 띠고 있었다. 아직 빌라 산 조반니는 완전히 밝지도 않았다.

숙소에서 아침 식사를 한 후 빌라 산 조반니 항구에 나와서 메 시나로 갈 배를 기다리는데 항구의 빈터 한편에서 흑인 청년 둘 이 축구를 하고 있었다. 바다 건너편 메시나 풍경을 찍으려니 다가와서 자기들도 찍어 달라고 했다. 이들은 가나에서 온 아이작과 기니에서 온 에브라임인데 모두 열여덟 살 동갑내기들이었다. 공을 가지고 노는 것이 수준급이었다.

이탈리아까지 어떻게 왔느냐? 왜 왔느냐? 언제 돌아갈 것이냐? 물으니 다 알면서 왜 그런 것을 불편하게 묻느냐는 표정으로 부끄러워하며 웃었다. 웃음이 싱겁고 해맑다. 잠은 남의 집 창고 같은 데서 자는데 아직 1년이 넘었지만 일이 없어서 그냥 놀고 지낸다고 했다. "내가 보니 여기는 일거리가 없던데 건너 메시나로 가는 것 어때?"하니 안 그래도 그래 볼 참이라고 했다.

사진도 찍고 공놀이도 잠시 같이 했는데 그 짧은 몇 십분 사이에 정이 들 뻔 했다. "너희들 돈 벌어서 빨리 고국으로 돌아가, 내 나라가 최고지"하니 웃기만 했다. 안 그래도 가는 상점마다 "온리 캐쉬, 온리 캐쉬"하는 통에 지갑에 현금이 동이 나 가지만 이들을 그냥 보낼 수 없었다. "작지만 이거 받아" 하면서 5유로씩을 주니 검은 얼굴에 하얀 이가 더없이 빛났다.

수백 대의 차를 싣는 페리는 좁은 메시나 해협에 맞지 않을 만큼 컸다. 갑판에서 건너편 메시나를 보고 있는데, 언제 왔는지

건물들이 손에 잡힐 만큼 가까이 와 있었다. 말 그대로 미끄러지
듯 왔다.

메시나를 통해 넘어오는 시칠리아의 물동량은 대부분 빌라 산
조반니를 통해서 통관되는 듯한데, 그에 비하면 이 동네는 매연
과 쓰레기만 먹는 도시 같았다.

인터넷에 빌라 산 조반니를 입력하니 딱 두 줄로 설명을 해 놓
았다. "이탈리아 남부 칼라브리아 현, 레조 디 칼라브리아 현 서
부의 도시, 인구 1만 1천 명, 메시나 해협 북쪽 끝 가까이에 있는
항구로 시칠리아섬으로 가는 도선장" 이것이 전부다. 맞는 말이
지만 어째 좀 마음이 쩡했다.

저녁 먹을 곳이 변변찮은 곳, 아이들이 여행객에게 쇼핑센터를
유명한 곳으로 소개해야 하는 곳, 이방인인 내가 보기에도 기차
역과 페리 선착장 밖에는 구경할 것이 없는 곳, 밀항 온 흑인들
까지 1년 넘게 누울 자리는 고사하고 막노동도 할 것이 없는 곳,
이곳이 빌라 산 조반니였다. 내가 그토록 와서 서 보고 싶은 곳
이 이런 곳이었다.

건너편 메시나는 크루즈선도 정박하고 화려한 시티투어버스도 있고 저녁이 되면 성당의 종소리와 거리의 악사도 한둘 보이는데 마주 보고 있는 형제 도시가 이렇게 차이가 나는 것이 좀 아쉬웠다.

일상이 되어 버리면 타인이 되고 감각을 무디게 할 우려가 다분하다. 이탈리아에서 근 석 달을 보내고 있는 동안에 나도 모르게 이탈리아가 일상이 되어 버렸다. 오기 전과 초창기 여행 때에 오롯이 내 속에 특별하게 자리 잡았던 이탈리아가 점차 일상 속으로 빠져들고 있었다.

너무 가까이 있다는 것도 관계가 일상이 되어 버려 상대가 어떤 존재인지, 얼마나 소중한지 망각하게 만들어 버린다. 불과 2km 떨어져 있는 메시나와 빌라 산 조반니는 꼭 그런 관계 같아 가슴이 서늘해지곤 했다. 일상의 삶은 바람도 잔잔하고 파도도 없으며 탄탄함과 견고함이 문지기 역할을 하는 곳이다. 그러나 잔잔함과 견고함이 화석처럼 무뎌질 때에는 일상이라는 것은 있어도 없는 것 같은 타인이 되어 버린다.

여행은 타인이 된 나를 연인으로 맞아들이는 일이다. 그곳은 사

면이 가로막힌 선실과 같은 곳이면 더 아름다울 것이다. 대화할
상대라고는 나밖에 없는 감옥과 같은 곳이면 더 명징할 것이다.
읽을 책이라고는 없는, 있어 봤자 누군가를 위로하기 위해 선반
에 올려놓은 작은 묵상 시집 정도면 더 감사하게 될 것이다.

메시나 행 페리를 승선 중인 여행객들
아프리카에서 온 아이작과 에브라임

메시나역

쟁탈의 대상이었던
무지개색의 나라, 팔레르모

괴테는 좁은 선실에서 그의 동행자 크니프가 던져 놓았던 물감 붓으로 친구들에게 편지를 썼다. 시칠리아의 멋진 자연이 뿜어내는 것들을 그들에게 전할 수 있기에 그것을 전하는 그나 받는 친구들 모두 즐거워 할 수 있는 일이라 생각했다.
그는 잊지 않았다. 자연이 연출하는 묘한 정취를 충분히 파악할 능력도, 표현할 기교도 없다는 것을. 그렇게 하면 할수록 자신의 오만함만 드러낼 뿐이라는 것을.

모든 섬의 여왕 시칠리아에 기차가 있다는 것을 알고 난 후에 꼭 내 편이 하나 생긴 것처럼 기분이 좋았다. 아무리 커도 섬인데 축구공을 한 번 뻥 차면 낭떠러지로 떨어져 바다에 풍덩 빠져 버릴 것만 같았는데 기차가 있다니, 햇빛 강렬한 시칠리아가 '짠' 하고 나타났다.

메시나 숙소의 주인 달리나의 배웅을 받고 메시나역으로 가서 곧장 팔레르모행 기차에 올랐다. 두 시간 반, 이번에는 티레니아해와 조우다. 오른쪽으로 펼쳐지는 명경 알 같은 옥색의 바다를 상상했다.

하룻밤을 자고 나면 도시는 더이상 어제 낯설었던 도시가 아니다. 어릴 적 내가 뛰어놀았던 골목길처럼 친근하고 가까이 와 있 곤 했다. 일종의 밤이 주는 유익이다. 시칠리아 사람들은 겨울을 시칠리아에서 보낸 사람들과 친구가 된다고 하는데 군이 겨울이 아니라 나처럼 하룻밤을 보낸 사람도 친구가 될 수 있다는 것을 그들은 아직 잘 몰랐다. 더군다나 나는 여기서 적어도 열흘은 더 있을 것인데.

팔레르모(Palermo)에 도착한 다음 날 아침을 먹고 체팔루(Cefalu)로 가기 위해 호텔 문밖을 나서는 순간 어제와는 다른 분위기가 골목길을 타고 내게로 다가오는 것을 느꼈다. 단지 하룻밤 묵었을 뿐인데 그랬다.

내가 한 것이라고는 오후 내내 어둡고 낯선 골목길을 돈 것, 이곳의 전통 시장인 볼라로 시장(Ballaro Market)에서 포도와 감을 흥정해 가면서 산 것, 시장에 있는 이발소에 쳐 들어가 염색하는 모자(母子)에게 말을 걸면서 "멋지다, 아들 잘 됐네요, 당신 행복하겠어요" 말 하고 기분 좋게 해 준 것, 이발사에게는 어깨 두드리며 엄지손가락 치켜세워 주었던 것이었다.

이곳 중심가인 비토리오 에마뉴엘 거리(via Vittorio Emanuele)
에서 지선으로 빠져나와 어둡고 좁은 골목길로 들어가 온 가족
이 인근 집 식구들과 골목에 모여 아이들 공부를 돌봐주는 모습
을 보고 참 좋은 이웃이라고 칭찬하고 같이 잠시 놀았던 것뿐이
다.

저녁 무렵 숙소로 오는 길목에서 군밤 장수와 아들 그리고 군
밤 장수 친구 셋이서 나에게 호객 했을 때 1유로 주고 군밤 다섯
톨 사서 군밤 장수에게 하나, 아들에게 하나, 군밤 장수 친구에
게 하나 주고 잠시 장난쳤던 것, 식당에서 점심 식사할 때 길거
리 음악가들이 갑자기 나타나 몇 곡 연주하고 모자 돌릴 때 2유
로 던져 준 것뿐이었는데 말이다.
가까이 다가서려는 나의 노력 때문이었는지 모른다. 아닐 수도
있다. 그 반대로 사람을 가까이에서 사귀려는 팔레르모의 성격
때문이었는지 모른다.

역사상 로마라는 나라는 머리보다는 가슴과 손, 발이 먼저 작동
한 나라였다. 적어도 제국으로 나아가기 전 공화정 시대에는 그
랬었다. 식수가 부족하면 가장 먼저 단수 조처가 내려지는 곳은
귀족 집안이었다. 전쟁 자금도, 도로 건설도 귀족들이 개인재산

을 털어서 바친 일들이 많았다.

원로원은 기가 막힌 중심 추였다. 뭐든지 이곳에서 토론하면 결과를 만들어 냈다. 해도 해도 안 되면 최종 결정 기구인 민회에 부쳤다. 메시나에 대한 참전도 결국 민회에서 결정된 것이었다.

끊이지 않고 인재가 배출되도록 한 조직도 원로원이었다. 나이 많은 장로들의 모임이 아닌 머리와 가슴과 손과 발을 가진 냉철한 정신 소유자들의 집단이었다.
내가 생각하는 여행은 머리로만 살았던 과거에서 가슴과 심장으로 받아들이고 소화해 손과 발로 살기 위한 하나의 훈련 과정이다.

널브러진 가슴의 나라 팔레르모, 자신의 운명을 스스로 결정 해보지 못한 나라, 어느 시대에서든지 쟁탈의 대상이 되었던 나라, 이 널브러진 나라의 심장을 서로 갓겠다고 세상 나라들이 우격다짐했던 나라, 그래서 빨주노초파남보 무지개색이 온 도시를 뒤덮고 있는 나라, 카르타고의 150마리의 코끼리 군단이 일시에 몰살하게 된 나라, 지금도 마피아들의 힘이 거센 나라.

나는 오전 9시 20분 발 기차를 타고 체팔루로 향했다. 이때만 해도 3시 15분에 돌아오는 기차를 탈 계획이었다. 하지만 내가 타고 온 기차는 12시 40분 기차였다. 미안하지만 체팔루에서는 뛰는 가슴을 만나지 못하였다. 널브러진 심장일지라도, 터진 가슴을 가졌을지라도 그곳 팔레르모로 빨리 돌아오고 싶었다.

팔레르모 빅토리오 에마뉴엘 거리 | 팔레르모 대성당
발레로 시장 인근의 아파트

대공방전 역사의 현장,
트라파니와 마르살라

국가의 운명을 스스로 개척할 수 있는 나라가 몇이나 될까?
선이 악을 이긴다는 것이 명제라면 물음에 대한 답은 의외로 수
월 할 수 있다. 하지만 교과서와 현실은 다르니 이것이 문제다.
선과 악 중 어느 것이 이기느냐에 대한 답은 오로지 신(神)만이
대답 할 수 있는 물음이다. 더 어려운 물음은 누가 선이며 누가
악인가이지 싶다. 불행하게도 역사에서 선은 승리의 보증수표가
아니며, 악은 패망의 길이 아니었다.

팔레르모라는 도시국가는 선과 악의 잣대를 대 볼 수 없는 사
이에 카르타고를 물리친 로마의 승리로 끝났다. 로마는 공방전
으로 단순히 전투에서 승리한 것 이상의 전과를 올렸으니 바로
'두려움'의 극복이었다. 코끼리에 짓밟힌 트라우마가 있었던 로
마군은 코끼리 떼를 해자로 유인한 뒤 몰살시켰다. 한 번 달리기
시작하면 멈추기 어려운 이들의 성질을 이용했다. 코끼리 트라
우마를 치유한 로마는 트라파니(Trapani)와 마르살라(Marsala)
공방전으로 이동했다. 나도 역사의 현장을 따라 서부 해안으로
이동했다.

괴테는 그의 여정에서 트라파니로 가지 않고 팔레르모에서 곧
장 남쪽으로 이동하여 알카모와 시아카를 거쳐 아그리젠토로

이동했다. 콘코르디아 신전을 염두에 두었다. 장소가 바뀌었다는 것에는 의외로 많은 의미를 담을 수 있었다. 물리적 환경이 절대적인 것은 아닐 수 있지만 물리적 환경이 관념도 바꿀 수 있는 일이기 때문이었다. 바이마르에서 팔레르모로 이동한 그는 거리 이상으로 바뀌어 있었다. 그가 집을 떠난 지 8개월, 시간과 거리를 넘어 자신에게 많은 변화를 가져왔다.

팔레르모 총독 궁전에서 만난 한 몰타 사람은 괴테가 바이마르에서 왔다는 말에 베르테르의 작가는 잘 있는지 물었다. "내가 바로 그 사람이오"라고 하자 몰타 사람이 깜짝 놀란 것은 당연했다.
바이마르와 팔레르모 사이에 큰 변화가 있었던 것을 간접적으로 말하고자 했다. 나도 어느 땅에선가 시칠리아 팔레르모에 와 있다. 멀고 먼 거리다. 그가 변했듯이 나도 변해 가고 있었다.

나의 물리적 거리는 팔레르모에서 트라파니로 더 옮겨져 갔다. 트라파니에 도착하자마자 케이블카를 타고 에리체(Erice)로 올랐다. 해발 7, 8백 미터나 될까 하는 요새다. 정상에는 고대에 지어진 비너스 성이 있다. 이 동네의 대부분 건물은 세월의 무게에 허물어져 있었다. 주택들도 있기는 하지만 거주지의 기능은 끝난 상태로 몇몇 식당과 기념품 상점만 운영되었다. 내가 가봤던 시에나나 오르비에토, 아시시와 스폴레토와 같은 유사한 도시들과는 비교가 안 될 정도로 쇠락해져 있었다.

여기서 서쪽으로 트라파니 시가지가 내려다보이고 한편에 유럽 최대, 최고품질의 소금이 생산되는 염전이 펼쳐져 있다. 트라파니에서 약 30km 떨어져 있는 마르살라까지 염전이 이어져 있는데 두 도시를 잇는 길을 소금길이라고 한다.

아침에 부두와 어시장을 구경하고 스쿠터를 빌려 염전으로 갔다. 전혀 새로운 체험이었다. 스쿠터가 아니었다면 어떻게 다 볼 수 있을까 할 정도로 염전은 수백만 평이 넘었다. 맑은 지중해 물을 길어 태양으로 거르고 각을 뜬 극상품의 소금이 어찌 맛이 좋지 않을 수 있을까.

티베트에도 이런 길이 있었다. 낙타나 말에 실려 며칠이고 암염(巖鹽)이 이동하는 길이 소금길이었다. 사람이 살아가는데 없으면 안 될 것이 소금인지라 어디나 이런 길들은 있었을 것이다.

스쿠터를 타고 마르살라까지 가는 소금길은 환상의 드라이브

코스였다. 마르살라에서 보는 트라파니는 하나의 완만한 만으로 형성되어 있었다. 바깥으로 몇몇 크고 작은 섬이 있는데 지도에 보니 위에 있는 것이 레반초 섬이고, 아래에 좀 더 큰 것이 파비냐 섬이다. 좀 더 서쪽에 있는 섬이 마레티모 섬인데 이들을 묶어서 에가디 제도라고 한다.

트라파니와 마르살라는 불과 30분이면 이쪽에서 저쪽 끝까지 걸어갈 수 있을 정도의 작은 도시다. 역사 속에서 두 도시를 움켜잡기 위해 로마와 카르타고는 공방의 공방을, 물고 물리는 싸움을 벌였다. 이때가 제1차 포에니 전쟁이 한창이었던 기원전 249년, 로마의 함대를 이끈 사람은 집정관인 클라디우스 풀케르였다. 이때 마르살라와 트라파니는 카르타고가 지배하고 있었는데 로마 함대가 트라파니에 진입하자 카르타고는 해전의 정석과는 반대로 움직였다. 함정을 만에서 모두 빼내어 북쪽으로 빠져 있다가 로마 함대를 유인하여 만으로 몰아넣었다.

아마도 트라파니 앞바다에 있는 에가디 제도가 카르타고 함정들을 은폐시키는 역할도 했을 것이다. 현장에 와서 당시 전황을 복기 해 보면 그럴 가능성이 충분히 있어 보였다. 해전에 강했던 카르타고의 탁월한 전술이었다. 물론 이 해전에서 카르타고가 승리를 거뒀다.

8년 후 로마는 해전에서 복수함으로써 1차 포에니 전쟁을 끝낼
수 있었다. 이로 인해 전쟁의 신인 야누스 신전의 문도 432년 만
에 닫히게 되었다. 작은 두 도시가 무게의 중심을 기울게 만든
것이다. 작은 두 개의 도시를 정복함으로 시칠리아는 카르타고
에서 로마의 영토가 되었다.

마르살라 쪽에서 트라파니를 보면 염전 위에 떠 있는 도시처럼
보인다. 바다의 수위는 우리나라 남해에서 보는 것보다 훨씬 높
다. 발아래 물이 있는 것이 아니라 거의 눈높이 정도에 바닷물이
올라와 있다. 현재의 마르살라와 트라파니는 시칠리아의 모퉁이
의 작은 어촌에 불과하다. 허물어져 버린 에리체와 눈을 마주하
고 있다. 부분이 전체가 되었던 것은 단지 과거에 불과했다. 더
부분에서 탈피 할 수 있을 것 같지가 않다. 역전이 허락되지 않
는 세상이기 때문이다. 개인도 국가도 그런 것 같다.
에리체 성에 올라 가 보면 시칠리아 서부의 대평야가 한눈에 들
어온다. 버스를 타고 팔레르모에서 트라파니로 오는 동안에도
질펀한 평야가 내 시야에서 떠나지 않았다. 시칠리아의 동부와
북부 지방에 있을 때는 이런 모습을 보기가 어려웠다. 어떻게 해

서 시칠리아가 로마의 곡물 시장의 물가까지 좌우할 정도였을
까 의아심을 가졌었는데, 팔레르모에서 트라파니로 오는 도중의
들판과 에리체 정상에서 본 서부 대 평야가 의문을 말끔히 해소
해 주었다.

아침에 트라파니 항구 어시장은 두 도시에서 본 어느 경치나 광
경보다 더 멋져 보였다. 시칠리아 홍보 책자에 나오는 에리체보
다 더 짜릿했고, 역사책에서 읽었던 포에니 전쟁보다 더 흥미로
웠다. 장군들도, 수만 명의 군사도, 5단층 갤리선도 없었지만 내
눈에는 그렇게 보였다. 우리의 어시장과 다를 것이 하나도 없었
다. 홍정에 홍정이 붙었다.

트라파니와 마르살라를 잇는 백 리의 소금길과 염전 그리고 에
리체에서 내려다본 시칠리아 서부의 대평원, 이들은 3천 년 전
이나 지금이나 이탈리아의 장바구니 물가를 좌우하고 있다. 시
칠리아의 운명을 가르는 전략적 요충지는 아닐지라도 트라파니
와 마르살라 사람들의 땀이 소금이 되고 거름이 되어 작은 기적
을 만들어 내고 있는 곳이다.

에리체에서 본 트라파니

에리체 입구 | 트라파니 염전
트라파니 수산시장

신들의 도시
아그리젠토(Agrigento)

괴테가 쓴 《이탈리아 여행》은 1천 페이지에 가까운 분량이지만, 이탈리아 기행을 하는 석 달 내내 내 손에서 떠나지 않았다. 괴테의 눈을 통하여 이탈리아를 본다는 것은 전망 좋은 방에서 바다를 보는 것과 같다. 내 눈으로 보지 못하는 것을 그의 눈으로 볼 때는 선명하게 보였다.

그랜드투어를 다녀온 많은 사람은 기록 남기기를 게을리하지 않았다. 여행기는 기록의 의미도 있지만, 후대에 그 루트를 따르는 나 같은 사람에게 훌륭한 동행자가 되기도 한다.
한참 그랜드투어가 활발하게 진행될 당시에는 그랜드투어 기록물이 가이드북이 되기도 했었는데 이런 충고도 있었다. '절대로 밤에 여행하지 말고 혼자 여행하지 마라', '여우나 곰이 쫓아오면 땅바닥에 죽은 듯이 누워서 숨을 멈춰라', '미덕을 지키기 위해서는 젊은 여자를 가까이하지 마라. 늙은 여자도 마찬가지다', '밤에 여관에 도착할 경우 방에 있는 큰 그림이나 거울 뒤를 살펴보아라. 비밀의 문이 있을지도 모른다' 자국인을 피하라는 충고는 약방의 감초와 같았다.

괴테도 동행자가 있었는데 요한 헤르만 리데젤(Johann Hermann Riedesel)이라는 사람으로 빈 궁정에 주재한 프로이센

대사를 역임했던 사람으로 《시칠리아와 마그나 그라이키아 여행기》를 남겼다. 그는 괴테가 그랜드투어를 떠나기 바로 한 해 전 그러니까 1785년에 세상을 떴다.

괴테가 함께한 것은 살아있는 사람이 아닌 세상을 떠난 사람의 여행기였다. 나의 손에 괴테의 《이탈리아 여행》이 있었던 것처럼, 괴테의 손에는 리데젤의 여행기가 언제나 쥐어져 있었다.

괴테는 리데젤을 일컬어 '조용한 비밀 친구 하지만 말이 없지 않은 친구'를 곁에 두고 있었다고 했다. 천방지축의 사람 크니프가 분위기를 고양시켜 주기도 했지만, 이런 조용한 비밀 친구가 한 명 정도 동행한다면 여행은 또 다른 모습으로 다가올 것이 분명했다.

괴테는 신들의 도시 아그리젠토(Agrigento)에서 고요한 아침에 리데젤의 여행기를 매일 꺼내어 기도하듯이 읽었다. 그의 말처럼 선배가 느꼈던 고독한 이 장소에서 후배도 홀로 고독하게, 가족과 모든 사람에게 잊힌 것처럼, 그의 고요한 의도, 목적의 확고함, 순수하고 세련된 수단과 함께하고 있었다.

나도 아그리젠토로 갔다. 괴테의 여행기를 내 손에 들고서 낙천적이기도 하고 진중하기도 하며, 어떤 때는 유머도 적지 않은 그와의 여행은 늘 기대로 가득 차게 만들었다.

트라파니와 마르살라에서의 2박 3일 일정은 순풍에 돛 단 로마의 5단층 갤리선처럼 지나 버렸다. 거의 밤을 지새우고 새벽 5시 30분에 트라파니 부둣가에 있는 호텔을 빠져나왔다. "내가 무슨 죄를 지었다고 이렇게 야반도주를 하듯 하지?"라는 말을 혼자 중얼거렸다.

이날이 일요일이라 트라파니(Trapani)에서 아그리젠토로 가는 버스가 없기 때문에 팔레르모로 가는 버스를 기다리며 호텔에서 준 지도를 유심히 보고 있었다. 이때 영감 한 분이 오더니 이탈리아 말과 손짓을 하면서 버스를 타기 위해 기다리느냐고 묻는다. 팔레르모로 가는 버스를 기다린다고 하니 여기가 아니고 다른 곳에 있으니 거기로 가라고 했다. 맙소사.

다시 돌아온 팔레르모는 며칠 전보다 다정하게 나를 맞이해 주었다. 버스도 생각보다 일찍 도착했고, 기차도 정시에 출발하는 친절을 베풀었다. 서유럽 할머니로 보이는 두 분이 내 자리 옆으로 오더니 같이 앉아도 되겠냐고 하기에 내 자리라도 되는 것처럼 인심을 쓰듯 자리를 권해 드렸다.

어디서 왔느냐고 묻기에 한국 사람이라고 하니, 며칠 전 에리체에서 내려올 때 한국 남자 여행객 한 사람을 만났다며 한국 사람을 자주 만난다고 반가워했다. 그런데 상황을 들어보니 그 남자라는 사람이 다름 아닌 나였다. 워낙 짧은 시간에 그것도 얼굴을 정면으로 바라본 상황이 아니라서 서로가 잘 알아보지 못한 것이다.

"아니 그 남자라는 사람이 바로 접니다. 저!"
"이럴 수가 세상이 이렇게 좁나?"

"그러게요. 세상 잘 살아야 하겠는걸요?"
"참 재미있는 상황이에요 그렇죠?"

"한국말에 인연이라는 말이 있는데 정말 좋은 인연인가 봅니다"
"인연, 그것참 맞는 말인 거 같아요"

"이런 때 영어로 딱 맞는 말이 What a coincidence! 아닌가요?"
"맞아요 딱 맞는 말인 것 같아요"

둘은 스위스에서 1주일간 시칠리아에 여행 온 친구 분으로 76살의 스테파니(Stefanie)와 73살의 이바(Eva)라는 분이었다. 각각 프리랜서와 초등학교 교사를 40년간 역임한 후 현재는 여행과 손자 보는 일 등으로 시간을 보내고 있었다. 팔레르모역에서 아그리젠토역까지 2시간 30분 동안 이야기가 이어졌는데 대화 속에서 두 사람의 인품과 식견, 삶을 살아가는 자세와 지혜를 느낄 수 있었다.

아그리젠토는 1927년까지는 지르젠티(Girgenti)라 불렸고 고대 그리스식 이름은 아크라가스(Acragas)였다. 라틴식 명칭은 아그리겐툼(Agrigentum)이다. BC 6세기경에 그리스의 식민 도시로 건설되었는데, 이때의 도시 위치는 지금의 신전 계곡 그러니까 폐허가 되어 버려 신전들도 쓰러져 있는 곳이었다.

이곳에는 6개 정도의 신전이 있는데 그중 2개 정도는 형체를 알아볼 수 있을 정도로 온전했지만, 나머지는 원래의 형체를 알아볼 수 없을 만큼 무너져 내렸다. 그중에서 대표적인 것이 콩코르디아 신전(Tempio della Concordia) 과 헤라 신전(Tempio di Hera)이다. 두 개의 신전은 외형이 비교적 온전하기 때문에 여행객들이 많이 찾아오는 곳이기도 하다.

신전은 고대 그리스 이주민들이 시칠리아와 이탈리아 남부 지방을 개척할 당시에 지은 것들로 2천 5백 년 정도 된 것들이 대부분이다. 온전한 것이 오히려 이상할 정도다. 남아 있다는 것만으로도 놀라운 일이다. 오랜 세월 동안에 이들 신은 모두 사멸해 버리고, 이름과 살았던 흔적만 바람에 흩날릴 뿐이었다.

험한 세월 동안에 그들을 섬겼던 인간은 정반대로 번영에 번영을 거듭해 오히려 신의 경지에 이르고 있으니 아이러니 한 일이다. 어쩌면 아크라가스의 신들은 인간의 배신으로 멸망했을 수 있다.

괴테가 이곳에 왔을 때는 불과 231년 전의 일이다. 그때나 지금이나 신전의 모습은 큰 차이가 없었다. 괴테가 신전 앞에 서 있을 때도 모두 폐허였다. 이미 이 사실을 알고 왔겠지만, 그는 폐허를 두고 말하지는 않았다. 군이 폐허 앞에서 폐허라는 말을 할 필요가 없었다. 말하지 않는 것이 더 진한 여운을 남기는 것이다. 오직 콩코르디아 신전을 건축했던 건축자들의 예지력과 배려심을 느꼈다. 후손들이 보다 쉽게 관리하도록 마무리 칠을 한 흔적을 발견했다. 하지만 무너져 폐허가 되었기에 그 속에 인간성을 보았다. 그 속에서 정을 두드렸을 강한 건축자들이 보였다. 힘없는 신들과 함께 말이다.

여행은 과정을 생산하는 또 하나의 과정이다. 결과만을 원한다
면 다른 여행자들이 다녀온 책이나 사진을 통해서 얼마든지 얻
을 수 있다. 과정 속에는 대부분 사람이 있었다. 그러므로 사람
이 가장 그립고, 사람 속으로 들어가는 게 자연스러운 일이었다.

이런 상황에는 그가 어떤 사람인지 따질 필요조차 없어졌다. 사
람 그 자체로 만족이 되는 것이다. 나는 여행에서 돌아와 아그리
젠토행 열차에서 만났던 두 분과 다른 여행지에서 만나 주소를
알고 있는 여행자들과 지나온 숙소 주인들에게 모두 메일을 보
냈다. 물론 대부분의 사람으로부터 답장이 왔다.

콩코르디아 신전 | 디오스쿠리 신전
헤라클레스 신전

사람이나 신이나
세월 앞에서는 모두 공평하다
시라쿠사

아그리젠토는 높은 언덕 위에 있는 도시다. 여기서 보면 발아래가 지중해다. 팔짝 뛰면 몰타도 보일 것처럼 느껴졌다. 경사면 아래 신전의 계곡이 있는데 옛날에는 신전 주변에 도시가 형성되어 있었다. 지금은 그곳이 야산으로 변했거나 포도나 올리브와 같은 농작물을 재배하고 있었다. 세월이 지나 사람들은 모두 언덕으로 올라와 버리고 옛 도시에는 무너져 내린 신전들만 가득했다.

괴테는 시칠리아와 몰타 두 섬 사이에서 생겨난 구름을 보며 몰타에 가고 싶은 마음이 불같이 끓어올랐으나 멀미 걱정에 포기하고 말았다. 바다 같은 지평선을 보고자 시라쿠사로 가는 길을 포기하고, 카타니아로 향하기 위해 시칠리아 중남부 지방을 가로지르는 도로를 선택했다. 옛날에는 화려했지만, 지금은 이름 말고 남은 것이 별로 없다는 생각에 시라쿠사를 포기했다.

나는 지평선을 에리체에서 보았지만, 시라쿠사에는 내가 만나야 할 인물들이, 아니 나를 기다리고 있는 위인들이 있기에 반드시 가야만 했다.
아그리젠토에서 시라쿠사(Siracusa)로 가는 교통편이 없기 때문에 카타니아까지 가서 다른 교통편을 이용해야 했다. 아그리젠토에서 카타니아로 가는 버스를 타고 30분 정도 지난 후에 버스는 카니카티(Canicatti)라는 곳에 정차를 해서 손님을 태웠다. 운행 횟수가 적지 않음에도 65인승 초대형 버스는 아침부터 만석에 가까웠다. 그 후에도 시칠리아 정 중앙 정도에 위치한 칼타니세타(Caltanissetta)에 정차를 했고, 카타니아에 도착할 때까지 한두 번 더 정차했다.

카니카티라는 도시에서 젊고 체격이 건장한 남자가 버스에 올라타자마자 창밖을 향해 손을 흔들다가 뭔가 손으로 신호를 보내는 것 같기도 하고 입은 소리를 내지는 않지만, 누군가와 대화를 하는 듯하였다. 창밖을 보니 젖먹이를 안은 젊은 아낙네가 이 남자를 향해 손을 흔들면서 비슷한 행동을 하고 있었다.

이윽고 버스가 도시를 완전히 빠져나가자 남자는 눈물을 훔치더니 한숨까지 내쉬었다. 그러더니 휴대폰으로 문자를 보내고 받기를 계속했는데, 아마도 시칠리아를 떠나 다른 먼 도시로 가는 듯하였다.

이날 버스는 실내 온도가 30도 가까이 올라가 대부분 승객이 겉옷을 벗기 시작했고, 급기야 버스 천정에 설치되어 있지만 작동하지 않는 에어컨을 만지작거렸다. 그러기를 1시간, 그런데도 기사에게 조치를 요구하는 사람은 나타나지 않았다.

결국은 여성 한 사람이 기사에게 살금살금 가더니 귓속말로 무슨 이야기를 하고 돌아왔다. 그 후 20분쯤 후에 버스 천정에 달린 공기구멍에서 개미 숨소리 같은 바람이 흘러나왔다.

카타니아에서 시라쿠사로 가기 위해서는 버스나 기차를 타야 하지만 기다리는 시간이 지체되더라도 기차를 탔다. 답답한 버스가 맘에 걸리기도 했지만, 이탈리아에 와서 기차를 선호하게 되었기 때문이다. 기차역에서의 기다림은 또 하나의 즐거운 시간 여행이다.

출발시간까지 한 시간, 연착 시간 25분, 그래도 시간은 지루하지 않았다. 그 후에 내가 받게 될 보상이 기다리는 시간을 웃돌고 남을 것이기 때문이었다. 로마의 테르미니역, 영화 '냉정과 열정 사이'로 유명한 피렌체 중앙역이나, 간이역 수준의 시골 작은 역이나 여행의 묘미를 전달받기에 부족함이 없는 공간이었다.

카타니아역은 플랫폼이 바다와 연결되어 있고 플랫폼 바닥과 평평한 지붕의 뻥 뚫린 넓은 공간 사이에는 이오니아해가 출렁이고 있었다. 짧은 기다림이 지난 후 한 시간 가까이 시라쿠사로 가는 운행 시간은 모든 것이 절제되고 단순화된 하나의 영상이었다.

출발 후 약 10분간은 숨을 멈추게 할 만큼 멋진 광경이었다. 기차가 가는 것이 아니라 가만히 앉아 있는 내 옆으로 바다가 지나가는 것 같은 착각이 들었다. 느리게, 느리게 마을이 지나가고, 바다가 지나가고 올리브 나무가 스치더니 철교를 지나는 달그락달그락 하는 소리까지 누군가 정교하게 연출을 했을 것 같은 한편의 무성영화였다.

한참 동안 바다가 보이다가 작은 동네가 보이고 또 바다가 보이다가 저 멀리 카타니아 시가지가 바다에 낮은 자세로 엎드려 있듯이 가늘게 보였다. 이런 때는 생각과 사고의 양을 축적하는 시간이 되었다. 많은 도시를 방문하는 내게 도시마다 생각의 시간이 필요했다. 본능적이고 직감적인 감각을 통해서 도시의 인상을 뽑아내곤 했었다. 마치 크로키를 그리듯이.

괴테는 카타니아에 머물렀었다. 그가 트라파니로 가서 에리체 성에 올라가 봤더라면 글을 다르게 썼을 것이다. 그는 아그리젠토에서 카타니아로 오는 내내 밀밭을 봤었는데 그것도 산과 능선에 가려서 지평선을 볼 수 없었던 것에 아쉬워했다. 하지만 시칠리아가 이탈리아의 곡창지대라는 것, 단 한 군데도 묵은 땅이 없다는 것에 대해서는 칭찬을 아끼지 않았다.

이탈리아는 농업 국가다. 이곳 시칠리아뿐 아니라 본토의 국경 시작 부분인 최북단의 볼차노부터 남쪽 끝 타란토까지, 로마 인근 서쪽 바닷가인 오스티아부터 리미니나 그 아래 비에스테까지 모든 국토의 산야는 철저하고도 완벽하게 농경지로 개간되어 있었다.

이탈리아의 산 정상에는 성이나 성당이 있고, 그것을 중심으로 마을이 형성되어 있었다. 그렇지 않은 곳에는 풍력발전기가 수십대씩 돌아가거나 밀이나 올리브와 같은 종류의 대규모 농장이 조성되어 있었다. 단 한 군데도 그냥 놀리는 땅이 보이지 않는다. 아그리젠토에서 카타니아로 오는 풍경은 들판이 만들어 놓은 지상 최대의 낙원 쇼였다.

아침 8시에 버스를 탄 후 7시간 만에 카타니아를 거쳐 시라쿠사에 도착했다. 하얀 대리석으로 만들어져 있는 그리스식 원형극장은 마침 서쪽으로 넘어가는 태양이 반사되어 눈이 부실 지경

이었다. 아빠와 함께한 금발의 어린 소녀가 무대 가까이에 내려
가 동요를 부르고 있었다. 치열한 수 싸움을 벌였을 참주 히에론
을 대신해 현장학습 나온 유치원 어린이들은 선생님과 함께 마
니아체성(Castello Maniace)에서 술래잡기 놀이 중이었다. 이튿
날 아침 내내 바울을 찾아다녔지만 그는 메시나 해협 바다 건너
레조디 칼라브리아(Reggio Calavria)를 통해 이미 시칠리아를 떠
나 버렸고 로마에서 전도하기 바쁘다고 했다.

시라쿠사역에 내려 움베레티노(Ponte Umvertino) 다리를 건너
오르티지아(Ortigia) 섬으로 오는 구시가지와 도로 양측으로 늘
어 서 있는 르네상스식 건물들은 대부분 3층짜리 낮은 건물들로
서 파스텔 톤의 색깔이 이탈리아 속의 이국적인 모습으로 도시
의 분위기를 한껏 고조시키고 있었다.

호텔에 도착하여 주인장에게 세레노(sereno)라는 단어의 뜻을
물어봤다. 좋은 날씨를 일컫는 말이란다. 그러면서 사람의 경우
에는 화내지 않고 밝고 좋은 얼굴을 가진 이를 말할 때 쓰기도
한단다. 언젠가 책에서 세레노 리더십이라는 것을 읽었던 기억
이 났다. 이 사람이 있는 곳은 어디든지, 어떤 환경에서든지 쾌
활하고 주변 사람들을 즐겁게 하면서 밝은 분위기를 만드는 사

람을 세레노한 사람이라고 한다는 것이었다.

숙소에 들어와 그 말을 확인하기 위해 번역기에 검색을 해 보니 '공정한 날씨'로 나왔다. 날씨가 공정하다? 누구에게나 같은 하늘 아래 있다면 날씨는 공정하다는 뜻인가? 같은 장소에 있다면 상대가 누구인지를 불문하고 모두에게 공정하게 대하고 모두를 기분 좋게 만들어 주는 그런 사람 말인가?

사람이나 신들이나 모두 세월 앞에는 공정하게 대접을 받는다. 그것을 확인 할 수 있는 현장이 아그리젠토와 시라쿠사다. 아그리젠토는 신을, 시라쿠사는 사람을. 이 두 개의 도시에서 세월이라는 것 앞에 이들이 얼마나 공평하게 대접을 받는지 판단 할 수 있다. 세월은 신이고 사람이고 모두 공정하게 대한다. 불멸의 도시처럼 여겨졌었던 베네치아도 오직 세월 앞에 무릎을 꿇었으니.

시라쿠사 고대 원형극장 | 아르키메데스 동상
아폴로 신전

한 걸음 물러나면 그것은 그리움
카타니아, 타오르미나

1669년 5월 25일, 이날은 에트나 화산 분출로 카타니아 (Catania)를 비롯한 인근 도시에서 2만 명이 사망했었던 날이다. 그 훨씬 전인 1169년에는 1만 6천 명이 사망했던 기록도 있다. 최근에는 2017년에 분출했었다.

백 리 밖에서도 에트나산(Mount Etna)이라는 것을 금방 알아챌 수 있었다. 나의 여정은 정점을 향해 가고 있었다. 이 산을 오른 후 하산할 때면 여행에서도 하산해야 할 시기가 될 것이다. 버스를 타고 중턱까지 거의 2시간, 다시 케이블카로 20여 분, 다시 사륜구동 버스로 20분, 트래킹으로 30분, 그렇게 하여 3,323m 봉우리에 섰다.

올라가는 길 사면에는 불에 탄 검은 재들이 산을 뒤덮고 있었다. 타다가 만 주택들, 나무들, 정상에는 하얀 눈으로 덮였다. 바람은 사람이 서 있을 수 없을 만큼 거셌다. 영하 20도를 밑도는 강추위로 인간의 도전을 애써 막아내려 했다. 언제나 신을 거역했던 이들, 신은 거역하기 위해 있다는 듯 기어코 불가마와도 같은 화구에 서서 끓는 속을 내려다보았다. 타다만 소나무 가지에서 연기가 솟아오르는 것처럼 분화구에서는 가스가 솟아올랐다. 메시나에서만 1만 2천명의 목숨을 앗아갔고, 3만 명이 집을 잃은 대재앙의 울분이 아직 다 가라앉지도 않았다.

발아래에는 이틀 동안 헤매고 다녔던 도시 카타니아와 주변 해안가들이 손에 잡힐 듯하였다. 온종일 걸어도 끝이 없을 것 같았던 카타니아가 손바닥만큼 작은 동네로 보였다. 그렇기도 했지만 도시는 하나의 평평한 평지로 산과는 완전히 별개의 땅처럼 느꼈던 곳이 이제 보니 에트나산의 발등이 아니었던가? 내가 이틀 동안 머물고 잠을 잤던 곳이 에트나산의 일부분이었던 것이다. 삶과 죽음이 동거하는 장소였다. 불나방들이 제 죽을 줄 모르고 불을 향하여 돌진하듯 언제나 사람들은 죽음의 언저리에서 숨 쉬고 있었다.

저 멀리 며칠 전 내가 지냈던 시라쿠사, 더 서쪽으로는 죽은 신들의 사회가 있는 아그리젠토, 동쪽 끝에는 나의 시칠리아 여행의 시작이자 종점이기도 할 메시나와 해협 건너 빌라 산 조반니가 한눈에 보인다. 그간의 여정이 파노라마처럼 펼쳐졌다.

괴테의 에트나 등정도 별반 다를 게 없었다. 오로지 마차와 두 발에만 의지해 더 큰 어려움이 있었을 뿐이다. 괴테는 기억을 더듬어 8개월 동안의 여정이 신의 산에서 스쳐 지나갔다. 그가 이

땅 시칠리아에서 본 원시적 자연, 분출하는 화산, 황홀한 바다와 섬들, 이것은 문학가인 그에게 잘 준비된 재료처럼 작품이 도사리고 있었다. 산맥과 하늘, 바다를 동시에 녹여 최적의 원소로 만들어 그의 작품 나우시카를 쓰기로 작정했다.

오디세우스는 배가 난파되어 표류하다 나우시카가 사는 스케리아섬에 떠 밀려왔다. 나우시카는 오디세우스를 따뜻하게 맞이하고 먹을 것과 마실 것을 마련 해 주었다. 결국은 오디세우스가 자기의 남편이라면 얼마나 좋겠냐는 생각을 하게 되는데, 그의 아버지 알키노오스왕 또한 오디세우스를 사위로 삼고 싶어 한다. 하지만 오디세우스는 이미 결혼하여 고향으로 돌아가야 하기에 이를 간곡히 만류한다. 괴테는 이런 나우시카의 스토리를 바탕으로 희곡을 썼지만, 미완성에 그치고 말았다.

괴테에게 있어서 에트나산은 그에게 나우시카가 되었을지 모른다. 멀리서 본 에트나는 절세의 미인처럼 보였기 때문이다. 나우시카가 오디세우스라 할 수 있는 괴테를 붙잡은 것이다. '나의 남편이 되어 주기를' 그 뒤에는 그의 아버지 알키노오스의 역할을 했을 수 있는 시칠리아도 괴테를 붙잡는 형국으로 비쳤다. 이곳에 남아 함께 시칠리아를 위해 일해 달라고 간구했을지도 모를 일이다.

나에게는 그런 나우시카가 없었다. 빌라 산 조반니에서 페리를 타고 건너편 메시나로 떠난 지 꼭 10일 만에 돌고 돌아 다시 그 자리로 돌아왔다. 팔레르모에서 페리를 타고 나폴리로 가는 방법도 생각했었지만, 팔레르모로 다시 올라가야 하고 그렇게 한다면 팔레르모에 세 번씩이나 가야 하는 일이 되기에 이참에 이탈리아에 와서 기차에 정이든 만큼 실컷 기차 여행을 즐기기로 마음먹었다.

지난번 메시나에 머물 때는 여행 온 지 두 달 만에 머리카락을 잘랐다. 한국에서는 이발소를 거의 20년 가까이 이용하지 않았었지만, 이곳에서는 이발소에 들어 가고 싶었다. 벽에 걸린 이탈리아 모델 사진을 가리키며 이탈리아 스타일로 잘라 달라고 요구를 했다. 이발사는 40대 초반쯤 되어 보이는 멋쟁이였는데 손놀림도 빠를뿐더러 가위질이 예사롭지 않았다. 빠르기도 했지만 꼼꼼하기까지 했는데 머나먼 나라에서 머리를 손질한 것치고는 아주 마음에 들었다. 최근 몇 년 사이에 가장 짧은 머리가 되었다.

메시나로 오기 전에 카타니에서 기차를 타고 출발해서 타오르미나(Taormina)에 내려 산봉우리에 있는 원형극장(Teatro Antico di Taormina)을 감상하고, 내 손으로 잡힐 듯 가까이 와 있는 에트나를 향해서 인사를 나눴다. 그러고 난 후 메시나 문(Porta Messina)에서 카타니아 문(Porta Catania)을 거쳐 아예 타오르미나역까지는 걸어 내려오면서, 점점 고도가 낮아질 때마다 바뀌는 시가지와 바다의 변화를 오후의 태양과 함께 즐겼다.

메시나로 오는 기차 안에서 저 멀리 거무스레하기도 하고 회색 같기도 한 물체가 나타나기 시작했는데, 드디어 장화의 앞 발꿈치가 나타나기 시작했다. 메시나역에 내려 페리를 기다리는 1시간 동안 부두에 앉아 건너편 빌라 산 조반니를 바라보았다. 그리 길지 않은 시간, 익숙한 곳에서만 느낄 수 있는 감정이 구름처럼 솟아나기 시작했다. 불과 돈 10유로에 아이작과 이브라임을 형제로 만들었던 곳이다.

메시나역 바로 앞 항구에 정박해 있던 이탈리아 철도청에서 운항하는 페리를 타고 20여 분 만에 메시나 해협을 건넜다. 빌라 산 조반니에서 숙소로 배정 받은 방은 지난 번 뚱보아줌마, 마리아 집과는 대조적으로 밝기도 했지만 건너편 메시나 쪽으로 너른 문이 나 있었다. 굳이 문을 열고 나가지 않아도 일몰과 붉은 태양이 바다에 잠기는 장면과 가로등과 조명등이 밝게 빛나는 메시나 항을 편안히 실시간으로 즐길 수 있었다.

잠깐 사이에 장소만 바뀌었을 뿐인데 이제 와서 보니 내가 있는 곳은 현실이 되고, 그 너머는이상이 되었던 것 같다.
이상적으로 보였던 이탈리아가, 역사의 물결이 도도하게 흘렀던 시칠리아가, 그것도 좁은 해협을 사이에 두고 나를 역사의 현장으로 끌어드렸던 메시나와 빌라 산 조반니가 이제 와서 보니 현실이 되어 내 곁에 있는 것 아닌가?

차라리 지금의 이상은 나의 나라, 내 고장, 나의 작은 집과 마당이 이상이요. 이상 중의 이상으로 자리 잡고 있다. 그렇게 현실에 신물이 나서 도망치듯 빠져나왔건만 석 달 만에 현실이 이상이 되고, 이상에 저려 있는 듯했던 나의 이상 이탈리아는 너무도 분명한 현실이 되어 있다.

카타니아 시내의 에트나 거리(via Etna)에서 빌딩 사이로 보였던 에트나 화산은 눈까지 덮여 그림처럼 보였는데 분화구에 서서 바라본 카타니아와 해변이 오히려 그림이 되어 있었다. 이상과 현실, 현실과 이상이 서로 자리바꿈을 하고 있었다.

시간이 흐른 후 내가 그 자리를 떠나 있으면 모든 사물은 그림이 되고 이상이 될 것이다. 내일 아침에 이곳 빌라 산 조반니라는 시골 동네를 떠나 저녁에 피사의 앞바다를 보고 있을 때 이미 시칠리아를 하나의 꿈으로 생각하고 있을지도 모른다. 그렇게 되기까지 그리 긴 시간이 필요하지 않을 것 같다.
시칠리아에 도착하여 메시나에서 팔레르모로 가는 기차에서 바라본 북쪽 연안의 티레니아해, 자정까지 시끄러웠던 팔레르모의 볼라로 시장, 눈이 내린 듯 하얀 트라파니 염전, 바가지를 씌웠던 아그리젠토의 택시 기사, 눈이 부셨던 시라쿠사의 원형극장, 이런 것들이 나의 이상 가운데서 손을 흔들고 있을 것이다.

내게는 이곳 이탈리아가 너무나도 확실한 현실이지만 내가 살아왔던 곳의 사람들은 나를 이상의 눈으로 바라보고 있을 것이다. 카타니아 시가지가 현실이면서 이상이 되었듯이, 눈 덮인 에트나산이 아래에서 볼 때는 이상이었지만 그곳에 섰을 때는 오히려 현실이 되었듯이, 이상과 현실은 단지 내가 어디에 있느냐에 달려 있기도 했다.

또 하나 그리움이라는 이름의 섬 하나를 남기고 떠났다. 작은 항구 빌라 산 조반니도 그럴 것이다.

시칠리아여 잘 있거라! 나의 이상이여! 나의 현실이여!

카타니아 고대 원형극장

타오르미나 원형극장과 에트나산

그대 스스로에게
파문(波紋)을 던지라
피사, 루카

'시칠리아가 섬이 아니고 육지였다면 어땠을까?'라는 생각
을 해 봤다. 많은 사람 속에 녹아 있는 그리움은 어떻게 하라고.
메시나 항구에서 멀어져 가는 괴테도 결국은 그리움 가득 담은
사람인 것을. 출렁이는 바다 위에서 그리움 가득 담은 여행 가방
에 걸터앉은 여행자인 것을. 멀어져 가는 항구와 해변에 솟아나
있는 암벽들도《오디세이》에 나오는 두 괴물 카리브디스로 보이
고 스킬라로 보였다.

베르테르는 이상에 대하여 이렇게 말했다. "'저곳'이라는 이상
(理想)이 '이곳'의 현실(現實)이 되어 버리는 순간 모든 것은 원
점으로 돌아가고 만다네. 그렇게 되면 우리는 결핍과 절박함 속
에 머물게 되고 우리의 영혼은 사라져 버린 활력소를 또다시 갈
망하게 되는 것 아닐까?"

괴테는 메시나에서 나폴리로 떠났었다. 그의 여정을 따라 나는
고민 없이 따라 올 수 있었다. 괴테는 시칠리아를 떠나 파에스툼
과 나폴리를 거쳐 로마로 가서 1년가량 더 머물렀다.

괴테의《이탈리아 여행》을 접하는 순간, 37세에 그랜드투어를
했다는 것을 접하는 순간 두말할 필요가 없었다. 따라나서야 한

다는 확신이 들었다.

이제 괴테와의 작별이다. 그는 나폴리를 거쳐 로마로 갔었다. 나는 피사를 거쳐 밀라노로 갈 것이다.

이른 아침부터 빌라 산 조반니역은 여행객들로 붐볐다. 적어도 여행자에게 있어서는 로마 못지않은 중요한 곳이다. 시칠리아를 여행하는 사람이라면 대부분 장화의 코와 같은 이 도시를 거쳐 야만 하기 때문이다. 시칠리아 사람들도 마찬가지일 것이다. 비록 다른 몇 군데 항구나 공항이 있지만 그래도 만만한 곳은 이곳이다.

새벽 같은 아침 6시 20분에 배낭을 메고 역으로 오면서 이 동네가 수고보다 저평가 되는 것은 아닌지, 그래서 좀 서운한 마음을 가지고 있는 것은 아닌지 하는 미안한 마음이 들었다. 외형으로 도시를 평가하지 말아야 하는데 나는 그렇게 해 버렸다.

빌라 산 조반니에서 피사까지의 거리는 대략 1,100km, 우리나라 부산에서 서울까지 거리의 세 배에 달한다. 이탈리아에 온, 이후 가장 빠른 기차를 탔다. 아침 7시에 출발한 기차는 연착 없이 오전 11시 37분에 로마 테르미니역에 나를 내려놓았다. 피사로 가는 기차를 타기 위해서는 21번 플랫폼으로 갈아타야 하는데 남은 시간이 20분밖에 안 됐다. 21번 플랫폼을 향해 여행객들 속으로 파고들었다.

테르미니역에서 다시 세 시간 만에 교과서에서만 봤던 피사에 도착했다. 사탑으로 유명한, 아니 아는 것이라고는 사탑밖에 없는 내게 피사는 가는 빗방울을 뿌리며 맞이해 주었다. 피사 역에서 불과 3백 미터 거리에 있는 삼류 호텔에 여장을 풀었다. 배낭을 침대에 던지기가 무섭게 아르노강을 가로지르는 솔페리노 다리(Ponte Soleferino)를 건너 사탑으로 향했다.

금요일이라 도심지는 텅 비어 있는 듯했지만, 사탑이 있는 피사 대성당은 인파로 붐볐다. 생각보다 탑의 규모는 컸다. 기울기도 아찔할 만큼 많이 기울어져 있었다. 인파는 성당과 그 주변에는 관심을 두지 않고 오로지 '실패한 작품'인 쓰러져 가는 탑에만 집중할 뿐이었다.

쓰러져 가는 것을 축하하기 위해 모인 이상한 사람들의 집단과 같았다. 손으로 받쳐 보는 사람, 등으로 밀어 보는 사람, 줄로 당겨 보는 사람 가지가지였다. 탑을 구원해 보겠노라고 세계 각지에서 밀려든 것이다. 쓰러져 가는 탑보다는 오히려 애쓰면서 세워 보려고 하는 사람들의 동작들이 내게는 더 재미있는 광경이었다.

다음 날 피사에서 30분 거리에 있는 루카(Lucca)로 가기 위해 장난감 같은 기차에 올랐다. 피사에서 루카까지는 전용 노선이 설치되어 있어 기차가 시간 단위로 운행되었다. 루카의 구시가지는 거의 타원형의 옛 성벽(mura)으로 둘러싸여 신시가지와 뚜렷이 양분된 동네였다. 성벽은 하나의 산책길이 되어 주말을 맞아 시민들이 산책과 조깅을 즐기고 있었다.

성 피에트로 문(Saint Pietro Gate)을 통하여 높이가 12m인 성벽으로 올라가 4km의 순환도로를 걸어서 완전히 한 바퀴 도는 데는 느린 걸음으로 두 시간이 걸렸다. 루카에도 크고 작은 탑들이 많다. 그중에서도 구이니지 타워(Guinigi Tower)는 도시의 대표적인 탑으로 4유로를 내고 올랐다.

이탈리아에는 탑이 있는 도시들이 많다. 그중에서 대표적인 도시가 볼로냐다. 특히 볼로냐의 투 타워는 이탈리아의 많은 탑 가운데서도 단연 독보적인 존재였다. 높이 뿐 아니라 아찔한 기울기가 아래에서든지 탑에 올라서든지 오금을 저리게 만들었다.

투 타워는 계획적이고 의도적인 사탑이다. 당시에 탑은 외적의 침입에 대비하여 요새의 목적으로 건립되었으나 후에는 가문 간 세력 다툼의 도구로 전락한 것이다. 높이로 경쟁을 하던 것이 의도적인 기울기를 통하여 기술과 재력을 뽐내고자 했다.

피사의 사탑은 태생이 달랐다. 1173년 착공 후 3층을 올린 상황에서 탑이 기울기 시작했다. 10년 만에 공사가 중단됐다. 위기 중의 위기가 아닐 수 없었을 것이다. 수치라고 할 수 있는 상황이었다. 하지만 3차례에 걸쳐 근 200년 동안 공사가 계속되었다. 현재의 기울기는 5.5도다. 그러니까 수직으로 한다면 4.47m 기울어져 있다는 뜻이다.

피사와 루카, 볼로냐는 모두 탑의 도시라는 공통점을 가지고 있는데 유독 피사만이 독보적인 위치를 확보하고 있다. 그 이유는 의도하지 않은 '실패한 작품' 때문이다.

더 높은 위용을 자랑해야 할 볼로냐의 투 타워도 피사의 사탑에는 대적을 할 수 없다. 기울기 자체가 덜 하고 사각의 생김새가 원뿔의 대리석인 피사의 사탑에 비해 매력도가 떨어지기 때문이다. 의도적으로 기울기를 준 것이 오히려 우습게 되었다.

세 도시를 다 가보고도 더 관심을 기울이지 않는 사람이라면 피사의 사탑만 기억하게 될 것이다. 하물며 루카의 탑들을 누군들 기억해 주겠는가? 탑의 높이나 출생 연도를 기억하는 사람은 거의 없을 것이다.
피사에 잘못 탄생한 탑이 없었다면 세상 사람들은 피사를 무엇으로 기억할까? 그저 평범한 도시 중에 하나로 기억했을 것이다.

다음 날 같은 길을 걸어 피사의 사탑을 향했다. 밤에는 어떤 모습일지가 궁금했기 때문이었다. 솔페르노 다리는 주말을 맞아 사람들로 가득 찼다. 서쪽으로 지는 해의 일몰이 아르노강에 내려앉아 강물과 하늘을 동시에 태우고 있었다. 지는 태양이 강물에 뜨거운 파문을 던진 것이다. 검붉은 파문은 거의 2시간 동안 사람들을 구름떼처럼 잡아 놓았다. 다른 것은 없이, 하나의 장면만으로도 피사에 온 수고를 보답하기에 충분했다.

오늘의 피사가 된 것은 잘못 태어난 부끄러운 사고 때문이었다.

잘 나가던 도시에 고개를 들 수 없을 만큼 수치스러운 파문을 던져 놓았다. 그러나 부끄러움과 수치가 도시의 영광이 될 줄을 그 누가 알았으랴? 그것을 알았더라면 루카의 모든 탑도 오늘날 다 누워 있을 것이다. 볼로냐나 산지미냐노의 탑들도 높이의 경쟁이 아니라 기울기 경쟁의 장이 되었을 것이다.

괴테가 그랬듯이, 그의 잠행으로 명문가에 파문을 일으켰을 수 있었듯이, 그의 말대로 이탈리아와 로마를 통하여 다시 태어났다고 했으니. 나는 나에게 파문을 던졌다. 피사의 사탑은 아닐지라도 작은 파문으로 새로운 질서가 생긴다면 그것으로 가치 있지 않을까.

피사의 사탑

구이니지 타워에서 본 루카 전경
아르노 강의 노을

루카의 산 미켈레 성당

괴테가 그렇듯이 나 또한 이탈리아와 로마를 통하여 다시 태어났다. 괴테가 쓴 《이탈리아 여행》은 1천 페이지에 가까운 분량이지만, 이탈리아 기행을 하는 석 달 내내 내 손에서 떠나지 않았다. 내 눈으로 미처 보지 못하던 것을 괴테의 눈을 통하여 선명하게 보았다.

【 참고문헌 】

〈이탈리아 여행〉 요한 볼프강 폰 괴테, 지식향연, 2016

〈그랜드투어〉 설혜심, 웅진 지식하우스, 2013

〈안드레아 팔라디오〉, 와타나베 미유미, 르네상스, 2005

〈네가 잃어버린 것을 기억하라〉, 김영하, 렌덤하우스, 2009

〈열하일기 상, 하〉 박지원, 북드라망, 2016

〈로마인 이야기 1, 2, 3〉, 시오노 나나미, 한길사, 1995

〈서포집〉, 서포 김만중, 남해문화원, 2010

〈일생에 한번은 이탈리아를 만나라〉, 최도성, 21세기북스,
  2011

〈이피게니에.스텔라〉, 요한 볼프강 폰 괴테, 민음사, 1999

〈이탈리아 도시기행〉, 정태남, 21세기북스, 2012

〈색채론〉, 요한 볼프강 폰 괴테, 민음사, 2003

〈괴테 시 전집〉, 요한 볼프강 폰 괴테, 민음사, 2009

〈바람의 지문〉, 조문환, 펄북스, 2016

〈젊은 베르테르의 슬픔〉, 요한 볼프강 폰 괴테, 문학동네,
  2010

〈아시시, 영혼에 위로가 필요하다면〉, 홍솔, 고즈원, 2012

〈이탈리아는 미술관이다〉, 최상운, 생각을 담는, 2015)

〈VICENZA le Ville e il Palladio〉, Tommaso Cevese, Silvia

　Anapoli, TASSOTTI, 2012

조문환 작가는 이제껏 그가 태어난 고향을 떠나 산 적 없는 골수 '하동 사람'이다. 하동과 지리산, 섬진강의 역사며 자연, 민속과 신화, 그곳 사람들의 이야기를 살뜰한 눈길과 애정 어린 마음으로 기록해 왔다. 또, 알알이 영근 포도송이 같은 80여 편의 시편을 묶은 시집을 펴내며 시인의 행보를 병행해 왔다. 지리산 기슭 한촌에서 꽃피운 난생유곡(蘭生幽谷)의 삶 바로 그것이었다.

그의 마지막 공직 직함은 '악양면장'이었다. 그는 왜 정년까지 7년이나 남은 시간을 앞당겨 마무리하면서까지 서둘러 배낭을 꾸렸을까? 28년 공직생활 동안 줄곧 앞으로만 달리면서 평생 꿈꾸어 온 첫 번째 버킷 리스트였을까. 이유가 궁금했다. '괴테의 루트'를 따라 이탈리아 전역을 3개월간 홀로 떠돌 생각을 하다니. 무엇이 그토록 간절하게 그를 길 위에 서게 했을까?

그의 글이 답을 주었다. 단순한 여행이 아닌 평생을 마음 두고 발붙여 살아온 고향 하동의 찬란한 마을 문명을 박차고 나와, 문명의 패러다임 속으로 한 걸음 뗀 순례길이었다. "더 많은 물이 모이면, 보가 터지고 새로운 물길이 생기며, 새로운 문명이 발생한다"는 그의 고백을 만난 순간, 영혼의 순례길 저 너머 지향점이 확연하게 드러났다. 그의 글은 괴테의 발길에서 현재의 의미를 찾아내는 동시에, 삶의 새로운 물줄기를 만들겠다는 치열한 삶의 성찰과 혁신의 열정이 직조된 영혼의 명상록이기 때문이다.

그는 알고 있었다. 달이 차면 기울고 초록이 다 해야 단풍 드는 이치를. 이미 길을 나설 준비를 시작한 자신의 결행에 대한 의구심 역시 타성과 관성에 길든 편견이라는 것을.

몽골제국은 중국에 성을 쌓고 안주하려다 멸망했고 로마제국은 정신적 우월이라는 성에 갇혀 몰락했다. 한곳에 정착하지 않고 이동하며 삶을 영위하는 유목민들에게 길은 밖으로 나가는 출구이자 생명줄이다. 고립은 생존 불능을 의미한다. 독자들도 알게 될 것이다. 노마드 문명은 생존의 길이며 생존을 위해서는 길 위로 나서야 함을.

난생유곡의 마을 문명을 전생의 삶으로 남겨 두고 길 위에서 다시 길을 찾고 길을 만들어 나가는 조문환 작가의 새로운 삶의 여정에 따뜻한 박수를 보낸다. 황량하고 건조한 일상에 매몰되는 우리에게 이 책이 던지는 파문이 크게 더 깊게 일렁이기를 기대한다.

김동언
경희대학교 아트퓨전디자인대학원 교수
독문학, 예술경영학 전공

어제보다 나은 시간을 살고 있냐고 묻는다면

기차에 타서 앉는 방향에 따라 풍경이 다르게 보인다는 것을 알게 된 것은 이탈리아에서 무한정 즐겼던 레지오날레 완행열차를 통해서였다. 기차가 가는 방향으로 앉을 경우에는 풍경이 다가와 사라지기가 바쁘지만, 기차의 진행 방향과 반대로 앉을 때는 풍경이 내게 오래 머물렀다. 시야가 그만큼 넓은 것 때문이기도 하지만 사라지는 것들의 잔상효과일 수 있다.

피사에서 제노바로 오는 기차는 지정석인 바람에 기차의 진행 방향과 반대로 앉게 되었는데 늘 진행 방향으로 앉아오던 습관에서 벗어나니 사라지는 풍경이 내게 더 오래 머문다는 것을 알게 되었다. 이런 기차 여행을 통하여 자주 잔상을 즐기게 된 것도 하나의 소득이라면 소득 아닐까? 사라지는 것들은 늘 긴 꼬리를 가졌다.

이탈리아반도에서 도시 분위기가 반전되는 한계선이 있다면 피사에서 제노바로 오는 그 중간 어디쯤일 것이다. 제노바 중앙역에 내리자마자 그동안 내가 느꼈던 이탈리아의 도시들과는 사뭇 다른 분위기에 놀라지 않을 수 없었다.

제노바 이남의 도시들이 역사적 유산에 의존하여 살아왔다면, 제노바부터는 현재뿐 아니라 미래의 모습도 보여 줄 수 있다는 듯, 도시가 매우 심플하고 날렵해지기 시작했다는 것을 가는 도시마다 느낄 수 있었다. 레고처럼 쌓아 올린 정사각형의 고층건물, 모던한 간판과 여러 가지 사인물, 화려한 네온사인, 가볍고 화려해져 가는 건물의 외관들이 더 과거에만 머물고 있지 않다는 것을 내게 항변하는 듯하였다.

시의 슬로건이 'BETTER THAN THIS'인 제노바 항구는 콜럼버스의 고향답게 번잡하지만 역동성이 느껴졌다. 대형컨테이너 부두와 부지런하게 움직이는 크레인들이 우리나라의 부산항 못지않은 활력을 가지고 있었다. 슬로푸드 본부가 있는 브라((Bra) 시는 도시가 공공디자인으로 일체화되어 탄탄하고 꽉 채워진 느낌이 들었다. 쓰레기통에까지 로고와 공공디자인이 적용되어 모던함이 도시를 이끌어가고 있다는 것을 직감할 수 있었다.

토리노는 또 다른 세상이었다. 오후 2시경에 토리노 포르타 수사 역(Torino Porta Susa)에 내려 숙소로 오는 길에서 만난 토리노는 신생 도시처럼 온 천지가 사방으로 뚫려 있었다. 넓은 가로수길, 그 길 아래로 흐르는 맑은 시냇물, 좀 더 외곽으로 가니 어디론가 모두 피난을 떠난 도시처럼 횅하기까지 했다.

솔직히 말하자면 나는 제노바에서 이탈리아라는 나라에 마음속 깊이 사과를 했다. 지금까지 도시들에서 과거에 기대어 살아왔던 나라라고 경솔하게 생각했었다는 미안함 때문이었다. 이탈리아는 알아갈수록 정체성을 알아내기가 힘이 든다는 생각이 들었다.

3개월간의 여행 속에서 '나'라는 체면을 모두 내려놓았다. 이국땅에서 장기 여행자로 살기 위해서는 과거의 생각과 습관들을 하루빨리 내려놓는 것이 나를 진정한 여행자로 만들어 줄 것이기 때문이었다. 될 수 있는 대로 그들의 생활 속으로 파고들었다. 그래서 50개 넘는 도시를 다니는 동안 대부분 민박을 했다. 사흘 정도 머물고 나면 숟가락이 몇 개 정도인지까지 알 수 있게 되었다. 그들의 생활 수준과 가족관계도 물론이다. 내가 생각했던 것보다 훨씬 인간적이고, 어떤 면에서는 우리와 비슷한 모습도 많이 갖고 있었다.

철도여행은 그런 것들을 더 깊이 느낄 수 있었다. 교통수단은 대부분 완행열차를 이용했는데 덕분에 격식 없이 그들과 많은 얘기를 나눌 수 있었다. 고대 로마라는 나라에 대한 우월감은 보이지 않았다. 어쩌면 내 속에 더 그런 선입견을 품고 있었지 싶었다. 하지만 모를 일이다. 그들 속에 흐르는 피는 고대 로마인의 피가 섞여 있을 테니까. 그런 것까지 말릴 일도 아니다.

길을 가장 빠르게 익히는 방법은 길을 잃는 것이었다. 기차에서 내리면 어지간한 거리는 걸었다. 한동안 걷다 보면 길을 잃는 것이 다반사였는데 한두 번 길을 잃다 보면 이미 내 머릿속에는 이탈리아 어느 소도시의 지도가 그려져 있었다. 그러니 내가 지나왔던 이탈리아 도시들은 지금 가더라도 헤매지 않고 다닐 수 있다. 이는 과거에 설정됐던 나의 인생 로드맵에서 빠져나와 길을 헤매는 동안 새로운 로드맵이 그려진 것과도 닮았다.

이제는 이탈리아가 적어도 내게는 먼 나라가 아니다. 언제든지 마음먹으면 달려갈 수 있는 이웃이 되었다. 언젠가 또 간다면 내가 묵었던 허름한 민박집으로 달려갈 것이다. 누님처럼 편안하게 대해 주었던 볼로냐의 플랑카, 파도바의 미키, 비첸차의 쥬세페, 말체시네의 안드레아…, 모두 그리운 이름들이다. 돌아와 이들에게는 모두 메일을 보냈다. 잘 도착했다고. 날 기억하냐고?

나의 여정을 멀리서 지켜봐 준 분들이 있었다. 가족, 교회 식구들, 동고동락했던 동료들, 친구들, 이웃들, 형제들, 나를 아는 모든 분. 이분들의 관심과 응원이 없었다면 여정이 무척이나 외롭고 힘들었을 것이다. 블로그에서도 응원이 있었다. 특히 '사르데냐'라는 필명을 쓰는 분은, 현재 이탈리아 사르데냐에 사는 분으로 내 블로그로 찾아와서 가는 도시마다 격려를 해 주었다.

이탈리아 기행에 앞서 베이스캠프로 오스트리아 여정을 준비 해 준 오현주, 이미희 선생님 그리고 김동언 교수님 내외께 감사드린다. 이 책이 세상에 빛을 볼 수 있도록 도와주신 리얼북스 최병윤 대표께 감사드린다. 내가 괴테의 속마음으로 들어가 그와 깊은 친구가 되도록 해 주었다. 끝으로 여행에서 만났던 민박집 주인들의 친절함에 감사한다. 그분들 덕에 이탈리아가 그리 낯선 곳이 아니라는 것을 알게 되었다.

이탈리아에서의 마지막 밤이 깊어 간다. 한동안 '일상'이 되었던 여행지를 떠나 내일이면 왔던 길을 다시 돌아간다. 잘 있거라 이탈리아여! 한때 나의 일상이었던 땅이여! 3일 동안 묵었던 알베르토호텔 옆 밀라노 중앙역의 플랫폼에서 차장이 부는 호각소리가 들린다. 열차는 또다시 떠나간다.

괴테를 따라, 이탈리아 · 로마 인문 기행

펴낸날	초판1쇄 인쇄 2018년 08월 07일
	초판1쇄 발행 2018년 08월 15일
지은이	조문환
펴낸이	최병윤
펴낸곳	운곡서원
출판등록	2013년 7월 24일 제315-2013-000042호
주소	서울시 강서구 화곡로 58길 51, 301호
전화	02-334-4045
팩스	02-334-4046
이메일	sbdori@naver.com
종이	일문지엽
인쇄	한길프린테크
제본	광우제책

ⓒ조문환
ISBN   979-11-86173-48-0   03920
가격   14,500원